네베르스로이드

한 그루의 나무가 모여 푸른 숲을 이루듯이
청림의 책들은 삶을 풍요롭게 합니다.

Näverslöjd

네베르스로이드

오나영 지음

내 손으로 만드는 북유럽 생활소품,
자작나무 껍질 공예
。
자연을 엮어낸
아주 특별한
핸드크래프트 클래스

청림Life

PROLOGUE

일본의 생활소품 동향을 살피고 새로운 아이템을 발굴하는 일이 주된 업무였던 몇 년 전, 인터넷을 통해 한 바구니를 발견했던 날이 떠오릅니다. 생소한 소재에 익숙한 비주얼은 아니었지만, 편안하고 따뜻한 느낌을 주는 바구니와 인상 깊었던 두 줄로 만들어진 띠에 대한 궁금증으로 며칠 동안 정보를 찾는 데 매달렸습니다. 나중에 알고 보니 두 줄 띠의 명칭은 트레이 행거였답니다.

이 새로운 아이템들을 직접 보고 싶다는 열망에 사로잡혀 실물을 구할 수 있는 곳을 여기저기 알아보기를 또 여러 날.

한국에서는 아는 이를 찾을 수 없었고, 어렵사리 알아낸 외국의 판매처에는 다소 비싼 가격대에도 불구하고 모든 아이템들이 항상 품절상태라 안타까웠습니다. 그러다 한 대형 판매사이트에서 저렴한 금액의 비슷한 바구니를 발견하고는 쾌재를 부르며 주문을 했습니다.

'마침내 북유럽 바구니를 보게 되는구나'라는 기대감을 비웃기라도 하듯 생산지도 다르고, 웹사이트에서 보았던 마음을 사로잡은 그 바구니와는 모습도 전혀 달랐습니다. 과도한 몰입 끝에 어렵게 구한 물건이 유사품이라는 쇼크가 아니었다면, 처음 보았던 바구니를 직접 확인하기 위해 일본으로 떠날 결심은 하지 않았을 겁니다. 진짜 자작나무 바구니를 처음 손에 쥐었을 때, 아름다운 기물이 주는 즐거움과 내 일상을 채울 평생의 아이템을 만났다는 기쁨에 가슴이 벅차올랐습니다. 이후 이런 아름다운 바구니를 직접 만들 수 있는 기회가 있다는 얘기를 듣고 잠깐의 망설임도 없이 코우치야마 선생님을 만나러 갔던 날 또한 잊지 못할 순간입니다.

자작나무 껍질 공예를 배우기 위해 일본을 오간 지 수년, 이윽고 서울에서 자작나무 껍질 공예(네베르스로이드)를 배울 수 있는 공방을 연 지 이제 1년 반이 지났습니다.

꽤 오랜 시간이 흘렀지만 자작나무 껍질로 만든 이 바구니가 날마다 새롭고 그 모양과 색감에서 오는 매력과 아름다움이 더해간다는 점은 늘 새로운 아이템을 찾고 트렌드에 민감한 저에게는 참 놀라운 일이 아닐 수 없습니다.

물론 이 책은 그간의 소회를 담은 것이 아닙니다.
최근 몇 년 사이 생활용품 공예에 대한 대중의 관심이 크게 높아진 데 반해 아직 북유럽의 공예는 생소한 분들이 많습니다. 이 책은 북유럽 공예가 더 많이 알려져 함께 좋아하고 즐기고 싶다는 바람으로 쓰게 되었습니다. 자작나무 껍질 공예가 특이한 소재나 모양 때문에 잠깐 시선을 끄는 다른 나라의 공예로 인식되기보다 우리의 실생활과 공간에 친근하게 녹아드는, 소중한 일상의 한 부분이 되기를 바랍니다.

이 책은 생활공예에 관심 있는 분들이 어렵지 않게 차근차근 따라할 수 있는 만들기 방법을 담고 있습니다. 내츄럴 라이프 스타일과 핸드크래프트를 아끼고 사랑하는 분들께 새로운 제안으로 다가가는 계기가 되기를 기대합니다.

CONTENTS

PROLOGUE · 005

PART
01

손끝에서 탄생한 나만의 공예품

1장. 북유럽 공예, 네베르스로이드를 만나다 · 015

네베르스로이드가 뭐죠? · 016
자작나무 껍질은 뭐가 다른 거죠? · 022
처음 만난 자작나무 바구니 · 028
빠질 수밖에 없는 자작나무 껍질 공예의 매력 · 034

2장. 처음 시작하는 네베르스로이드 · 041

재료는 어디에서 구입하나요? · 043
만들기 준비물은 무엇이 있나요? · 046
어떤 것들을 만들 수 있나요? · 049

PART
02

내가 만든 아주 특별한 생활용품

1장. 기본적인 스킬을 배워요 · 057

미리 알아두기 · 058

오일 바르는 법 · 059

바닥 짜는 법 · 060

만드는 도중 네베르가 끊어졌을 때 · 062

네베르를 이어줄 때 · 063

네베르를 끼우기 뻑뻑할 때 · 064

네베르가 잘 끼워지지 않을 때 · 065

자작나무 껍질 공예품의 관리법 · 066

2장. 본격적으로 만들어볼까요? • 069

- 라운드 바스켓 Round Basket • 070
- 스퀘어 바스켓 Square Basket • 080
- 핸들 바스켓 Handle Basket • 086
- 행잉 플랜터 Hanging Planter • 096
- 더블 코너 바스켓 Double Coner Basket • 106
- 월 바스켓 Wall Basket • 114
- 오너먼트 별 Star Ornament • 128
- 티 코스터 Tea Coaster • 138
- 트레이 행거 Tray Hanger • 148
- 카드지갑 Wallet • 158
- 커피 필터 케이스 Coffee Filter Case • 174

APPENDIX

나만의 감성 플러스

- 바구니 꾸미기 패턴① • 192
- 바구니 꾸미기 패턴② • 198
- 바구니 꾸미기 패턴③ • 204

THANKS TO • 213

PART
01

손끝에서
탄생한
나만의 공예품

Näverslöjd

1장

○

북유럽 공예, 네베르스로이드를 만나다

ABOUT

네베르스로이드가
뭐죠?

스웨덴어인 네베르스로이드 *Näverslöjd*는 자작나무 껍질 공예를 뜻하는 단어입니다.
이 자작나무 껍질 공예는 스웨덴에서 시작한 북유럽 전통 공예 중 하나입니다.
북유럽의 자연친화적 문화와 스웨덴의 소박하고 아름다운 감성을 느껴보세요.

스웨덴어인 네베르스로이드 *Näverslöjd*는 자작나무 껍질 공예를 뜻하는 단어입니다. 북유럽에서는 한대 기후에 번성하는 자작나무를 이용해서 다양한 일용품들을 만들어 사용해왔습니다. 그 중에서도 자작나무의 수피(이하, 껍질) 부분을 가공하여 만든 생활용품을 포함한 공예품을 네베르스로이드라 부릅니다.

약 1만년 전쯤, 마지막 빙하기가 끝나가면서 스웨덴을 포함한 북위 40도 이상의 북유럽 지역에 광범위하게 한 종種의 나무가 번식하기 시작했습니다. 바로 자작나무입니다. 대략 20m 정도까지 자라는 큰 키의 자작나무는 4~5월에 꽃이 핍니다. 껍질은 '백화피'라고 불릴 정도로 하얗고, 종이처럼 가로로 얇게 벗겨지는 특징이 있습니다. 북유럽 지방에는 이런 자작나무를 흔하게 볼 수 있었고, 자연스럽게 자작나무 껍질을 이용한 생활도구들을 만들게 되었습니다. 자작나무 레인코트에 대한 기록도 있고, 모자나 신발로 활용한 기록도 있는데 마치 우리나라의 짚신처럼 자작나무 껍질을 엮어서 신발을 만들었던 모양입니다. 자작나무로 만든 신발은 재료를 구하기 쉬웠고, 얇고 가벼운데다 따뜻하기까지 해서 꼭 필요한 생활도구였다고 합니다. 자작나무 껍질로 식기를 만든 기록도 있는데 놀랍게도 냄비로 사용하기도 했습니다. 핀란드에서는 자작나무 껍질로 만든 냄비에 조리해서 먹는 맴미*Mämmi*라는 부활절 전통 요리도 있지요. 핀란드 북쪽의 사미인들은 양모를 담는 바구니로, 시베리아 지역에서는 껍질을 접어서 보존용기를 만들기도 했습니다.

스웨덴에도 자작나무 껍질을 이용해 다채로운 모양의 그릇을 만들어 사용했던 흔적들이 많이 발견되고 있습니다. 정사각형 또는 직사각형 모양의 큰 그릇이나 어린이들이 사용하는 바구니*Bestå* 혹은 배낭*Ryggsäckar*을 만들기도 했답니다. 옷을 보관하는 상자를 만들기도 했고요. 그런 전통이 이어져 네베르스로이드라는 명칭이 생겼습니다.

ABOUT

자작나무 껍질은
뭐가 다른 거죠?

다른 나무들과 달리 자작나무는 가로 방향으로 껍질이 벗겨집니다.
벗긴 껍질의 앞면과 뒷면 중, 보다 부드러운 안쪽 껍질의 탄성과 적당한 길이를 이용해
다양한 생활도구를 만들 수 있습니다.

자작나무 껍질은 습기에 강하고 불에 잘 탑니다. 또 살균력이 있어 잘 부패되지 않지요. 바로 자작나무 껍질 세포에 수베린Suberin이라고 하는 기름기 있는 산성 성분이 있기 때문입니다. 이 성분 때문에 껍질이 유연하고 약한 산이나 기름기를 막습니다. 또한 베툴리놀Betulinol이라는 성분도 함유하고 있는데, 이 성분은 항균성을 가지고 있어서 미생물로 인한 변질을 막습니다. 그래서 식품을 저장하는 용기나 주택의 바닥재, 지붕의 재료로도 사용됩니다.

북유럽 지역에서 자작나무 껍질을 채취하기 가장 좋은 시기는 언제일까요? 수액이 충분히 차오른 늦봄부터 초여름까지, 하지 전 한 달 정도입니다. 가을이나 겨울에 채취하는 경우도 있는데, 이때 얻게 되는 껍질은 초여름 채취한 것보다 유수분이 적고 딱딱한 경우가 많습니다. 자작나무 껍질은 지름이 15~25cm 가량의 나무에서 채취합니다. 채취한 껍질 두께는 대략 1.5~2mm이고, 회색빛이 섞인 황색부터 적갈색까지 다양합니다. 껍질을 채취하더라도 자작나무의 생존에 큰 영향을 미치지는 않습니다(생장이 조금 느려지긴 하지만 다른 나무보다 더 단단하게 자랍니다).

자작나무 껍질 공예 재료로 사용하는 껍질은 대부분 북유럽 지역에서 수입합니다. 자작나무가 여러 나라에 분포되어 있긴 하지만 북유럽 지역의 자작나무 껍질이 기름기가 많고 촉촉해 바구니를 만들기에 더 용이하기 때문입니다. 유수분을 잃지 않고 부드러운 상태를 유지하려면 통풍이 잘되는 서늘한 곳에 보관해야 합니다. 따뜻한 곳에 두면 건조해져서 쉽게 딱딱해질 수 있습니다. 그리고 자작나무 껍질은 낱개로 두면 둥글게 말리는 성질이 있어 보관 시 흰색 면은 흰색 면끼리, 노란색 면은 노란색 면끼리 마주보게 하고 고무줄 등으로 일자형이 되도록 고정해두어야 합니다.

장기간 보관해서 껍질이 딱딱해졌다면 부러지기 쉬운 상태의 재료를 가지고 억지로 바구니를 짜지 않도록 합니다. 미지근한 물에 담가 수분을 흡수시켜 부드럽게 만든 후 물기를 제거하고 사용하거나 오일을 바르고 흡수되기를 기다렸다가 사용하는 걸 추천합니다.

ABOUT

처음 만난
자작나무 바구니

수업을 찾아 무작정 일본으로 갔고
여기, 행운이 더해져 자작나무 껍질 공예를 본격적으로 배우게 되었습니다.

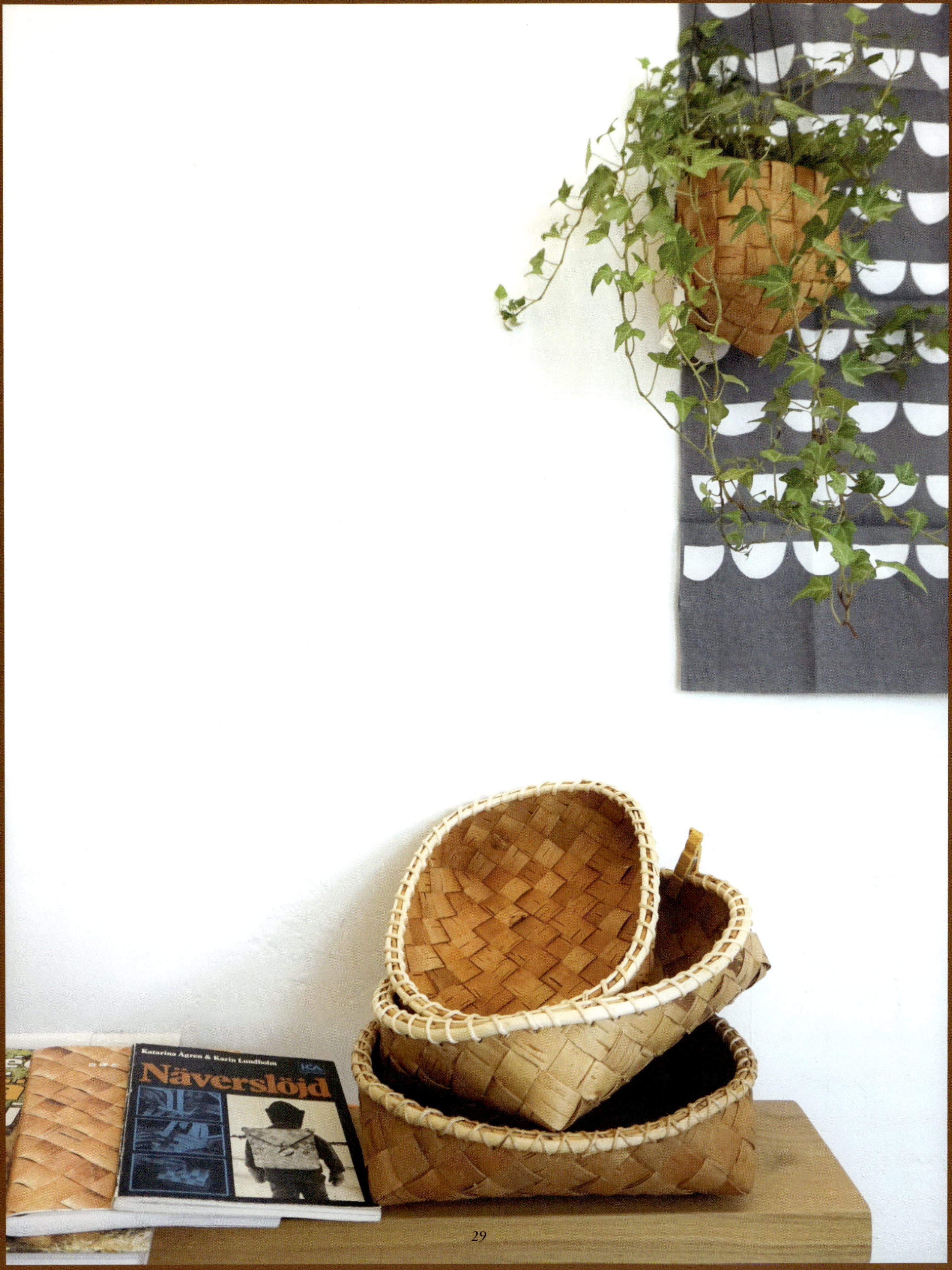
Katarina Ågren & Karin Lundholm
ICA
Näverslöjd

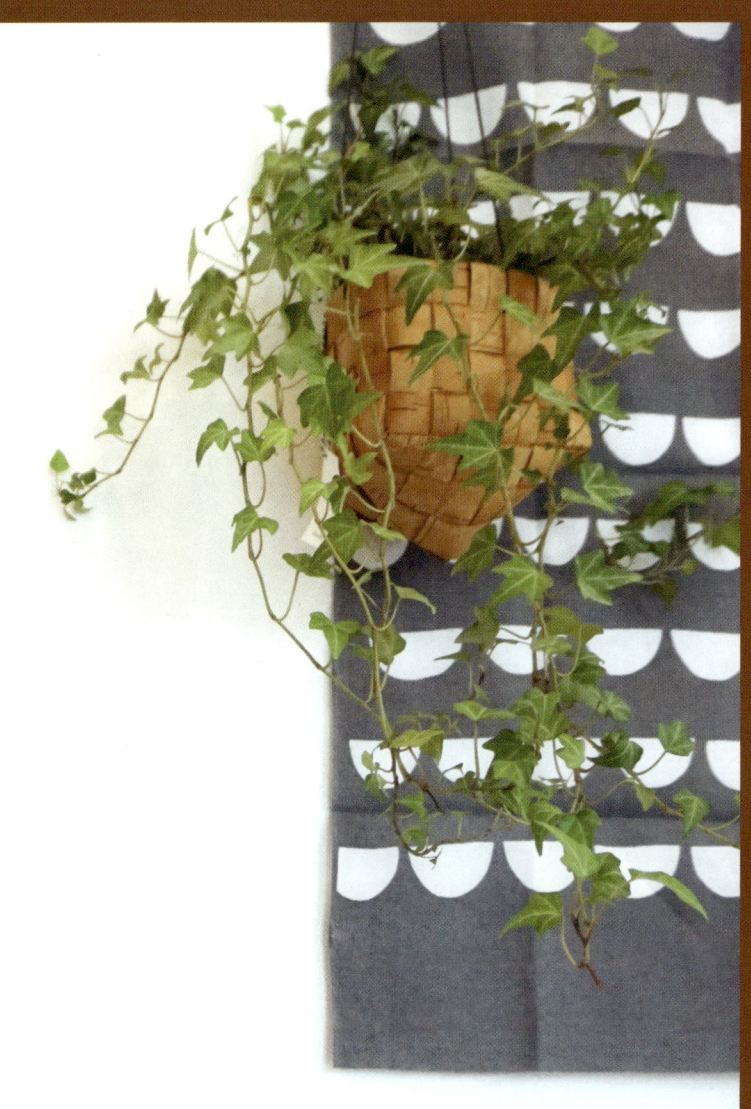

저는 일본에서 꽤 긴 시간 살았습니다. 학교도 다녔고, 졸업해서는 전공과 관련된 일을 하며 지냈습니다. 마침 일본 내에서는 북유럽 디자인과 제품에 대한 열풍이 불었습니다. 당시 일본은 북유럽의 정서가 이루어낸 디자인 제품들의 스토리와 매력에 흠뻑 빠져 있었지요. 저 역시 유니크한 북유럽 디자인 제품들에 관심이 많았지만 북유럽의 공예까지 관심을 가질 시기는 아니었습니다.

한국으로 돌아온 후 저는 핸드크래프트 위주의 생활용품숍을 열게 되었습니다. 이 일이 제가 자작나무 껍질 공예에 빠지게 된 계기가 되었습니다.

우연찮게 알게 된 자작나무 바구니는 몇 가지 주력하던 아이템과 함께 숍을 이끌 매력적인 상품으로 보였습니다. 6년 전 숍을 오픈할 당시만 해도 자작나무 바구니를 상품으로 다루고 있는 거래처가 쉽사리 보이지 않았습니다. 샘플 삼아 제품 한 개만이라도 구매하고 싶었지만, 그마저도 어렵더군요.

제가 애타게 자작나무 바구니를 찾고 있던 시절, 이미 일본에서는 자작나무 껍질 공예가 소개된 지 5년 차를 맞으면서 인기와 희소성에 힘입어 제품이 출시되는 즉시 매번 품절 행진 중이었으니까요. 그렇게 몇 개월을 온라인, 오프라인 할 것 없이 정보를 찾았습니다.

그러던 중 알게 된 것이 자작나무 공예 워크숍이었습니다. 실물을 보기도 전이었지만 '사기 어려우니 만들기라도 해보자'라는 단순한 생각에 도쿄의 워크숍 교실을 찾아갔습니다.

공예 클래스 모집마저도 순식간에 정원을 채운다고 하더군요. 간혹 취소한 사람들이 있어 대기자가 수업을 듣게 되는 경우도 있다고 했고, 혹시나 하는 마음으로 청강을 갔습니다. 저는 이 날을 잊을 수 없습니다. 2시간여 수업을 마친 뒤, 청강에 들어온 제가 한국에서 비행기 타고 왔다는 한국인(외국인)임을 알게 된 코우치야마 선생님은 센터 측의 양해를 구해 정원 외 수강을 가능하게 해주었습니다. 그날 이후 코우치야마 선생님과 네베르스로이드, 그리고 저의 인연이 지금까지 이어지게 되었습니다.

일본에서는 자작나무 껍질 공예가 소개된 지 올해로 11년을 맞습니다. 일본에 이 공예를 알리는 데 선두에 섰던 분이 바로 저의 스승 코우치야마 선생님입니다. 지금은 일본에서는 공예 교실도 많아지고, 자작나무 바구니를 판매하는 곳도 많아졌습니다. 자작나무 껍질 공예라는 일상용품은 북유럽 라이프스타일을 공감하고 누리는 데 있어서 일본 사람들에게 더없이 적합한 아이템으로 받아들여진 셈입니다.

ABOUT

빠질 수밖에 없는
자작나무 껍질 공예의 매력

관심의 시작은 모두가 다를 거예요. 아름다워서, 혹은 북유럽 스타일에 매료되어서…
그렇게 천천히, 그리고 조금씩 이 공예와 친해져보세요.
만드는 기쁨과 더불어, 북유럽인들의 자연을 대하는 태도에도 매료될 거예요.

처음 알게 된 때부터 지금까지 자작나무 껍질 공예에 끊임없는 매력을 느끼게 된 이유는 무엇일까요? 자작나무 껍질 공예가 인간과 자연의 공생이라는, 다소 거창하지만 실은 소박한 일상을 담고 있기 때문이 아니었을까요?

스웨덴에서는 자작나무 껍질의 채취 기간을 엄격히 제한합니다. 자작나무가 자라고 있는 산의 소유인이라 할지라도 함부로 채취할 수 없고, 채취 허가를 받은 공예가나 산 주인이 허락받은 기간만 껍질을 채취할 수 있습니다. 또한 나무가 건강히 자라고 보존되도록 해마다 채취하는 구역을 바꾼다고 합니다.

처음에는 익숙지 않은 아름다움에 반해 자작나무 껍질 공예의 역사와 문화를 알아보기 시작했지만 시간이 지날수록 북유럽 사람들의 감성을 듬뿍 느낄 수 있었습니다.

2장

○

**처음
시작하는
네베르스로이드**

ABOUT

재료는
어디에서 구입하나요?

자작나무 공예품 매력에 흠뻑 빠졌다면 그 다음 이런 생각이 들 거예요. '한 번 만들어보고 싶다!'
공예품을 직접 만들기 위해서는 주재료가 되는 '자작나무 껍질'이 필요합니다.
낯선 공예품만큼이나 낯선 재료, 어디에서 구입할 수 있을까요?

국내에는 아직 자작나무 껍질 공예가 대중화되어 있지 않아서 재료를 판매하는 곳도 찾기 쉽지 않습니다. 가장 쉽게 구입할 수 있는 방법은 공방을 통한 구매입니다. 이곳들에서는 자작나무 바구니를 만들기 위한 기본 도구 및 네베르(자작나무 껍질)를 판매합니다. 또 간단한 아이템을 혼자 만들어볼 수 있는 DIY 키트도 있습니다.

네베르는 나무에서 채취한 자연물이기 때문에 하나하나 두께, 감촉, 색깔이 조금씩 다릅니다. 혼자 만들기가 부담스러운 경우 자작나무 껍질 공예 공방을 방문하면 만들고자 하는 아이템에 따른 재료 상담과 구매를 할 수 있습니다. 재료와 수업에 관한 안내가 가능한 공방들에 대한 정보는 카나비요르크의 홈페이지(kannabjork.kr) STOCKIST에서 확인할 수 있습니다.

재료비는 만들고자 하는 물건의 크기와 모양에 따라 천차만별입니다. 대략적으로 바구니 하나를 만들 때 2~7만 원 사이, 오너먼트류는 5천~2만 원대로 재료를 구입할 수 있습니다.

ABOUT

만들기 준비물은
무엇이 있나요?

자작나무 바구니를 만들 때 필요한 도구들을 소개합니다.

네베르
01

자작나무 껍질을 필요한 너비로 자른 띠를 말합니다. 책 속에서도 재료로 쓰인 자작나무 껍질 띠는 이하, '네베르'라 부르겠습니다.

나무집게
02

시중에 판매되는 나무집게입니다. 사진의 모습은 고정력을 높이기 위해 나무집게를 뒤집어 깊게 집을 수 있게 한 것입니다.

가위
03

끝이 뾰족한 가위가 좋습니다. 원예용 가위나 자수용 가위를 추천합니다.

커터칼
04

남는 네베르 부분을 자를 때 사용합니다.

연필
05

바닥짜기 후 바닥 모양을 그리거나 높이를 체크, 표시할 때 사용합니다.

나무주걱
06

바구니를 짜는 동안 짜임의 틈새를 벌리거나 조일 때, 혹은 네베르를 당길 때 필요한 도구입니다.

펀치
07

테두리를 두른 바구니, 행잉 플랜터, 가방 등 끈을 달기 위해 구멍을 뚫어줄 때 사용합니다.

그 외
08

브러시(테이블 위에 자르고 남은 자투리나 네베르에서 떨어지는 부스러기를 정리할 때 사용), 스케일(자), 오일(바구니를 엮을 때 마찰력을 줄여주기 위해 사용)을 준비해두면 좋습니다.

ABOUT

어떤 것들을
만들 수 있나요?

바구니 형태를 기본으로 다양한 일상용품을 만들 수 있습니다.
지갑이나 가방, 모빌, 신발 등 집안 곳곳,
생활 전반에 활용할 수 있는 생활용품들로 응용해보길 바랍니다.

북유럽에서 만드는 바구니는 노르딕 바스켓이라
불리는 마름모꼴(정사각형) 형태의 격자 무늬 짜임
이 기본입니다. 라운드 바스켓이라 부르는 모양이
바구니 중에 기본이 됩니다.

라운드 바스켓을 시작으로 크고 작은 바구니들, 또는 핸들 바스켓, 월 바스켓, 행잉 플랜터, 화병, 조명에 이르기까지 생활 속 공간을 자작나무 바구니 소품들로 채울 수 있습니다.

그 외에 오너먼트와 소품마다 개성을 더해줄
짜임들과 장식을 추가해주면 그 활용이 다양해집니다.

테이블 위에서
부엌에서
현관에서
벽과 창가에서
거실에서
마당에서
친구와의 피크닉에서
나의 외출 필수품으로.

PART
02

내가 만든
아주 특별한
생활용품

Näverslöjd

1장

○

**기본적인
스킬을
배워요**

미리 알아두기

오일 식물성 오일인 올리브유, 포도씨유, 해바라기씨유 등 가정에서 사용하는 모든 오일이 사용 가능합니다.

네베르 자작나무 껍질을 필요한 너비로 자른 띠를 말합니다. 껍질을 띠로 만드는 성형 과정과 천연 재료인 나무라는 특성상 상태가 조금씩 다를 수 있습니다. 보관기간에 따라서도 다르기 때문에 다소 건조해진 네베르는 장기간 보관할 때나 만들기 전에 오일을 발라 부드러운 상태를 유지하도록 밑손질을 해둡니다.

네베르폭 사용하는 네베르(자작나무껍질)의 너비를 말합니다. 큰 바구니나 월 바스켓을 만들 때는 폭이 넓은 네베르를 사용하고 가방이나 오너먼트는 부드러우면서 옹이가 없는 네베르를 골라 사용합니다.

만드는 방법 책 속에서 제시된 만드는 방법은 필자가 개인적으로 추천하는 방법이지 유일한 방법은 아닙니다. 다양한 형태를 만들면서 효율적인 만들기 방법을 찾아나가길 바랍니다.

오일 바르는 법

오일 바르기

다소 건조해진 네베르는 식물성 오일을 천에 묻혀 겉면에 발라줍니다. 네베르에 오일을 전체적으로 균일하게 바르고 오일이 표면에 모두 흡수된 상태에서 바구니를 짜는 것이 좋습니다. 겉면에 윤기가 사라지고 촉촉해지는 데 하루 정도 걸립니다.

오일을 바른 직후의 네베르 모습

오일을 바른 후에는 오일이 네베르에 충분히 스며들 때까지 하루 정도 통풍이 되는 건조하고 서늘한 곳에 둡니다. 장기간 보관할 때는 오일이 흡수된 상태에서 비닐봉지나 상자에 넣어 건조해지지 않도록 하는 것이 좋습니다.

바닥 짜는 법

준비물   집게, 네베르, 나무주걱

바닥짜기   자작나무껍질 바구니 만들기의 시작은 바닥짜기입니다. 형태가 곧고 짜임이 일정한 바구니를 만들기 위해서 격짜짜기의 수직, 수평을 확인하고 간격을 균일하게 맞추어야 합니다. 또 비슷한 두께의 네베르를 소요 예상량보다 여유 있게 준비해두는 것이 좋습니다.

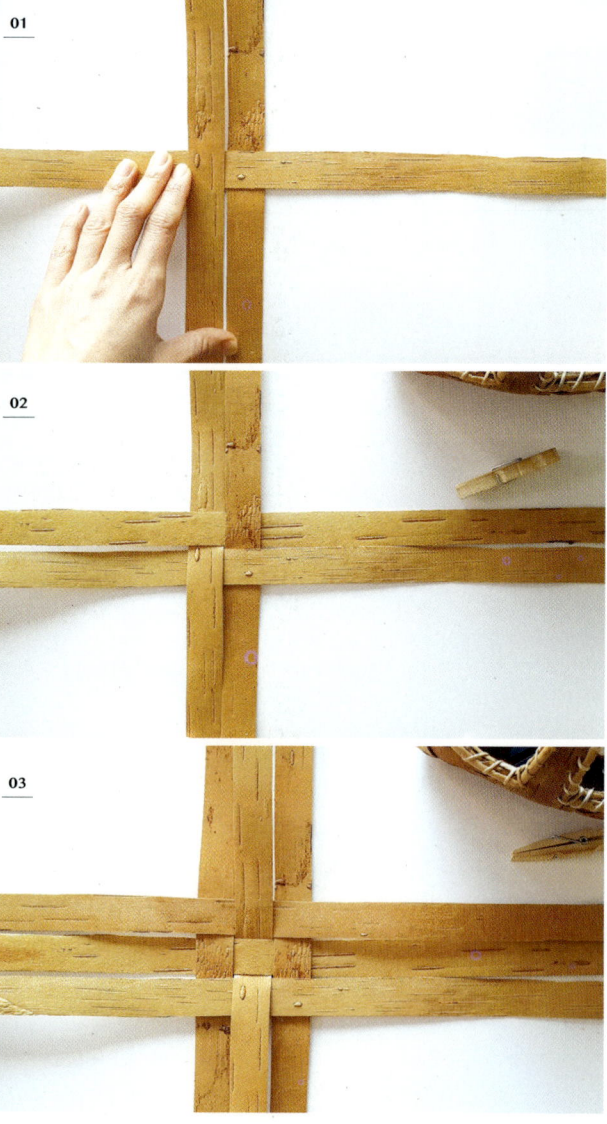

01 ~ 03 네베르는 중심에서 시작해서 사방으로 넓혀가며 만드는 것이 효율적입니다.

04 ~ 07 가로를 먼저 배치한 뒤 세로를 채워가면 바구니 형태의 중심을 맞추기 어렵습니다. 한곳을 정돈하기 위해 매번 전체 틀을 조이거나 풀어줘야 해서 불편할 수 있습니다. 그렇기 때문에 가운데부터 바닥짜기를 넓혀가는 것이 효율적입니다.

08 바닥을 짠 뒤에는 사진처럼 네베르 끝을 다듬어놓으면 이후 작업을 할 때 좀 더 편합니다.

만드는 도중 네베르가 끊어졌을 때

만드는 도중에 네베르가 끊어지더라도 당황하지 마세요.
네베르의 길이가 모자라거나 잡아당기다가 끊어지는 경우,
새로운 네베르를 덧대어 이어줍니다.

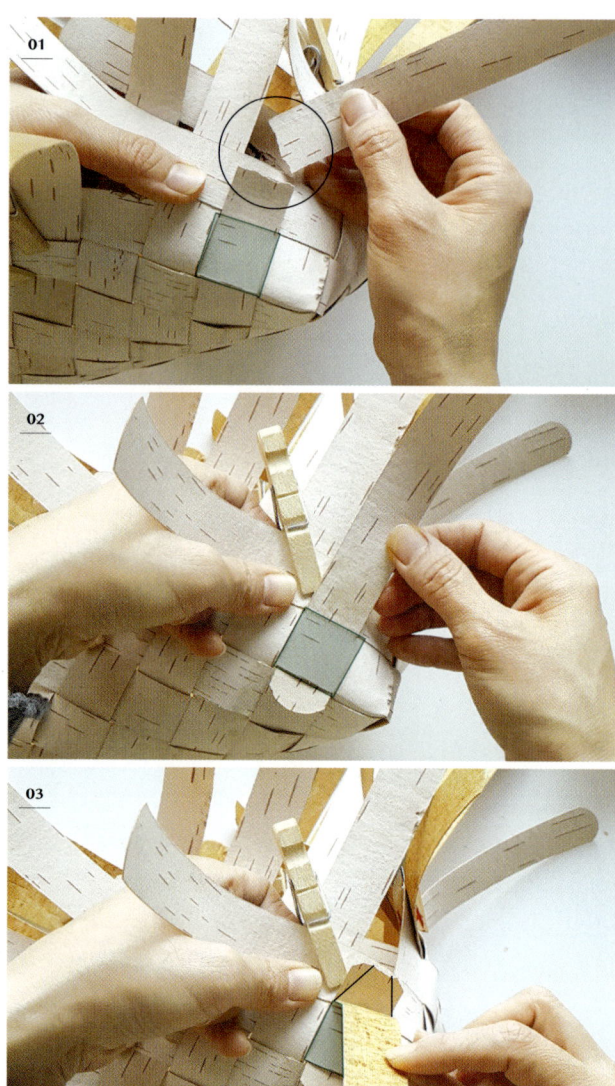

01 만들다가 네베르가 끊어졌어요.

02 끊어진 네베르와 1~2칸 겹치도록 이어줍니다.

03 기존의 네베르는 사선으로 잘라줍니다.

네베르를 이어줄 때

네베르를 이어주는 방법도 비슷합니다.
짧은 네베르를 이어줄 때 이어주는 끝단을 어슷하게 다듬고 2~3칸 겹치게 이어줍니다.

01 만들다가 네베르 길이가 모자라요.
02 새로운 네베르를 겹쳐 끼웁니다.
03 단단하게 고정하기 위해 3칸을 겹쳐요.
04 기존의 네베르는 선을 따라 잘라줍니다.

네베르를 끼우기 뻑뻑할 때

네베르를 안쪽 짜임에 끼워넣어야 할 때가 있습니다.
종종 짜임이 타이트해서 새 네베르가 잘 들어가지 않을 수 있는데,
그럴 때는 오일을 발라서 부드럽게 만들어주면 좋습니다.

01 식물성 오일을 준비합니다.

02 네베르 끝에 오일을 바르면 마찰력이 줄어 짜임에 끼워넣기 수월
   합니다.

네베르가 잘 끼워지지 않을 때

네베르의 짜임이 빡빡하여 잘 들어가지 않을 때가 있습니다.
그럴 때는 나무주걱을 이용해보세요.

01~02 나무주걱으로 공간을 벌려 네베르가 들어갈 여유 공간을 확보합니다.

자작나무 껍질 공예품의 관리법

평소 관리법을 잘 지켜 사용한다면
자작나무 바구니의 부드러운 상태를 유지하며, 오래도록 즐길 수 있습니다.

1.
제작 완성한 직후

먼저, 완성한 공예품에 오일을 도포해줍니다. 오일은 집에서 사용하는 식용유라면 모두 가능합니다 (참기름이나 들기름은 특유의 향이 강하기 때문에 다른 오일을 권하는 편입니다). 면포에 오일을 적셔 바스켓의 전체 표면에 발라줍니다.

바른 오일이 바구니에 흡수될 때까지 통풍이 되는 그늘에 놓아둡니다. 평소에는 햇빛이 드는 곳에 바구니를 두고 사용해도 됩니다. 다만 태닝을 시키기 위해 오일을 발라 햇빛에 말리는 것은 삼가는 것이 좋습니다. 오일이 충분히 흡수되지 않은 채 건조하면 거칠게 마를 수 있기 때문입니다. 시간이 흐르면서 노랗던 자작나무 바구니는 자연스럽게 진한 갈색으로 익어갑니다. 주로 햇빛이 닿는 곳에 두면 빨리 색이 진해집니다.

원하는 자작나무 껍질 공예품을 만들었다면,
간단한 평소 관리법을 알아두세요.

**2.
평소 사용할 때**

테이블 웨어로 사용하는 경우, 빵과 과일을 담아 테이블에 낸 후에는 물로 간단히 씻어 통풍이 되는 그늘에 건조시킵니다. 중성세제를 사용해 간단히 세척할 수 있습니다.

물에 자주 씻거나 오랜 사용으로 표면이 건조하고 딱딱한 느낌이 들 때에는 면포에 오일을 묻혀 바구니에 전체적으로 오일을 도포해주고 스밀 때까지 그늘에 둡니다. 정기적으로 오일을 발라주면 자작나무 바구니의 색감을 진하고 깊게 해주는 것은 물론이고 보다 촉촉하고 탄력있는 상태로 오래도록 사용할 수 있습니다.

2장

○

**본격적으로
만들어볼까요?**

Round Basket

라운드 바스켓
Round Basket

만들기 사이즈(칸 수 기준) : 3×3×3
네베르폭 : 20mm
재료 소요량 : 약 20줄

01 네베르를 가로×세로 6줄씩 사용하여 기본 격자를 짭니다. 격자 모양은 서로 수평과 수직을 이루도록 합니다. 짜임의 네 모서리는 느슨하게 풀리지 않도록 집게로 고정하세요.

02 뒤집어서 뒷면에 다음과 같이 정사각형을 그립니다.

03~04 다시 겉면이 위로 오도록 뒤집고, 사각형의 각이 표시된 C, D 네베르를 직각으로 교차시킵니다.

♦ 이때 두 C, D를 머리를 땋듯이 손으로 잡고 위로 당기며 교차시키기

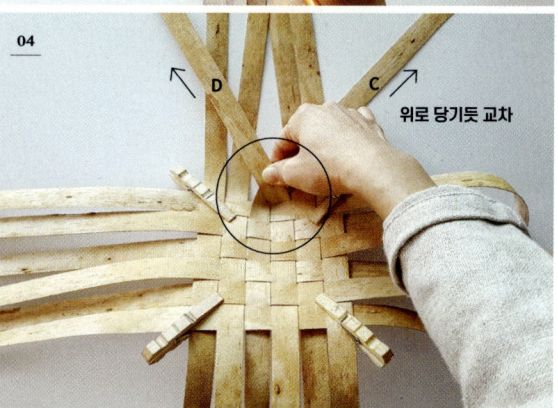

05 이어 차례로 D를 B, A와 교차시키고, C를 E, F와 교차시켜요. B와 E를 교차시키는 것까지 마치면 한 모서리가 완성입니다.

06 같은 방법으로 뒷면에 그려준 사각형의 위치를 확인해가며 네 모서리를 만듭니다.

07 옆에서 본 모습입니다.

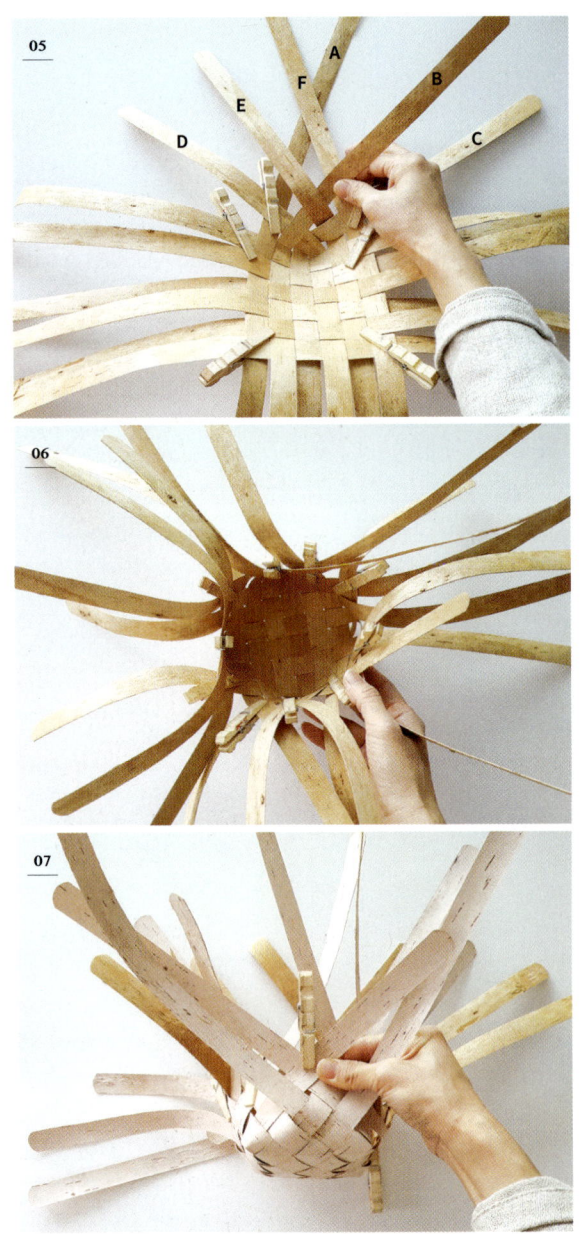

08~09 네 모서리를 만든 후에는 만들고자 하는 높이만큼 격자짜기를 이어갑니다. 네베르의 탄성도에 맞추어 느슨해진 곳을 적절한 힘으로 당겨 틀을 잡습니다.

♦ **격자무늬가 직각을 유지하고 정사각형이 되도록 주의**

10 모서리를 기준으로 세 칸째가 높이입니다.

11~12 결정한 높이가 되도록 A를 45도로 접어 격자짜임과 일치(평행)하도록 결을 맞춥니다. B도 같은 방법으로 45도로 접어 짜임의 결과 일치(평행)하도록 결을 맞춥니다.

13 A를 ㄱ 아래를 통과하도록 끼웁니다.

14 B는 ㄴ 아래를 통과하도록 끼웁니다.

15 같은 방법으로 화살표의 진행 방향으로 차례로 끼워나갑니다.

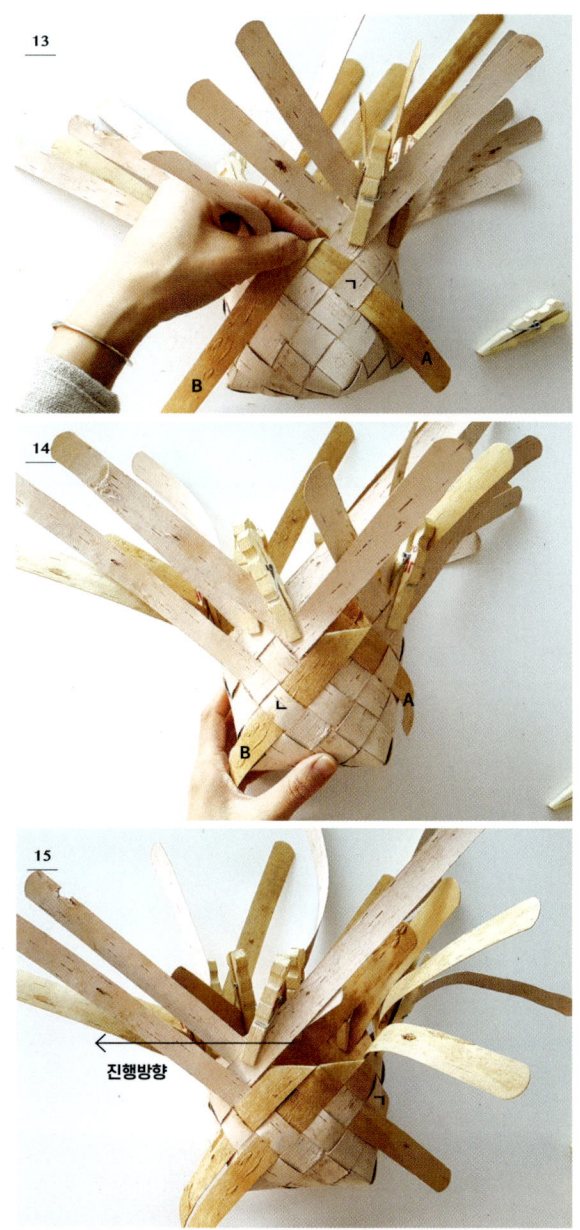

라운드 바스켓

16~17 네베르를 하나씩 끼워넣습니다. 아래로 넣기 어려울 때는 나무주걱으로 사이를 벌리면 끼우기 쉽습니다.

18~21 마지막으로 접는 네베르는 처음 끼워 놓았던 네베르(★)를 살짝 들어올려 공간을 만들어 통과시키면 바구니의 테두리 만들기는 끝입니다.

22 테두리가 완성된 모습입니다.

23 이제 옆면에 보이는 네베르를 각각 끼워가며 바구니의 모양을 만들어갑니다. 모든 네베르는 안쪽 네베르에 끼웁니다.

♦ **바깥면은 안쪽면을 만들 때처럼 단순히 A와 B를 겹치는 것이 아니고, 각 네베르를 안쪽면의 짜임에 끼워주기**

24~25 네베르를 안쪽 짜임에 끼워 통과시킬 때 공간이 충분하지 않아 끼워 넣을 때 뻑뻑할 수도 있습니다. 이때는 끝부분에 오일을 발라 마찰을 줄여 수고를 덜어주세요.

26~28 끝과 끝이 만나는 경우에는 길이가 짧게 남은 쪽을 8부 길이(한 칸이 안 되게)로 자르고 끝을 사선으로 자릅니다. 이렇게 처리하는 이유는 완성된 상태에서 네베르들이 겹쳐 있거나 이어져 있는 부분을 감춰 보이지 않게 하기 위함입니다. 반대쪽을 겹쳐 지나게 하면 됩니다.

29~30 네베르의 길이가 모자라는 경우가 있다면 덧대어 이어줍니다. 이때 새롭게 덧대어주는 네베르와 기존 네베르는 1~2칸 정도 겹치게 합니다.

31 겉면을 모두 메꾸어주었다면 여분의 네베르는 잘라주세요. 짜임을 이루고 있는 네베르가 함께 잘리지 않도록 뒷받침을 대고 자르는 것이 안전합니다.

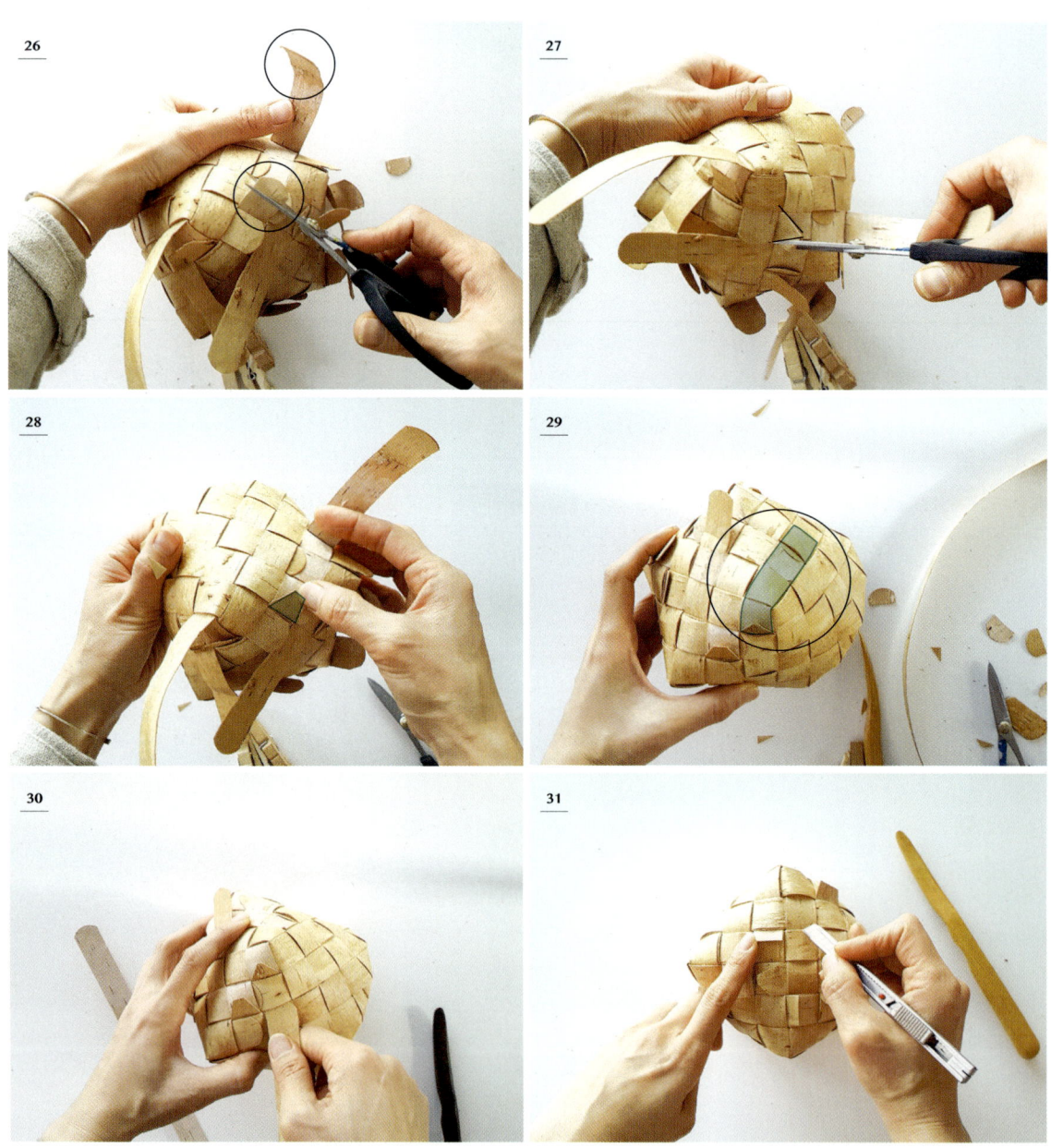

라운드 바스켓

32~34 완성이 되었습니다.

Square Basket

스퀘어 바스켓
Square Basket

만들기 사이즈(칸 수 기준) : 6×6×2
네베르폭 : 25mm
재료 소요량 : 약 25줄

01 네베르를 가로×세로 6줄씩 사용하여 기본 격자를 짭니다. 격자 모양은 서로 수평과 수직을 이루도록 합니다. 짜임의 네 모서리는 느슨하게 풀리지 않도록 집게로 고정하세요.

02~03 스퀘어 바스켓의 안쪽 벽이 될 네베르는 짜놓은 바닥면의 길이와 같도록 각 네 변의 길이를 모두 접어줍니다. 높이가 2칸이므로 네베르 2줄을 같은 방법으로 접어둡니다.

04~05 네 면도 늘어짐 없이 벽을 세우기 위해 반듯하게 접어줍니다.

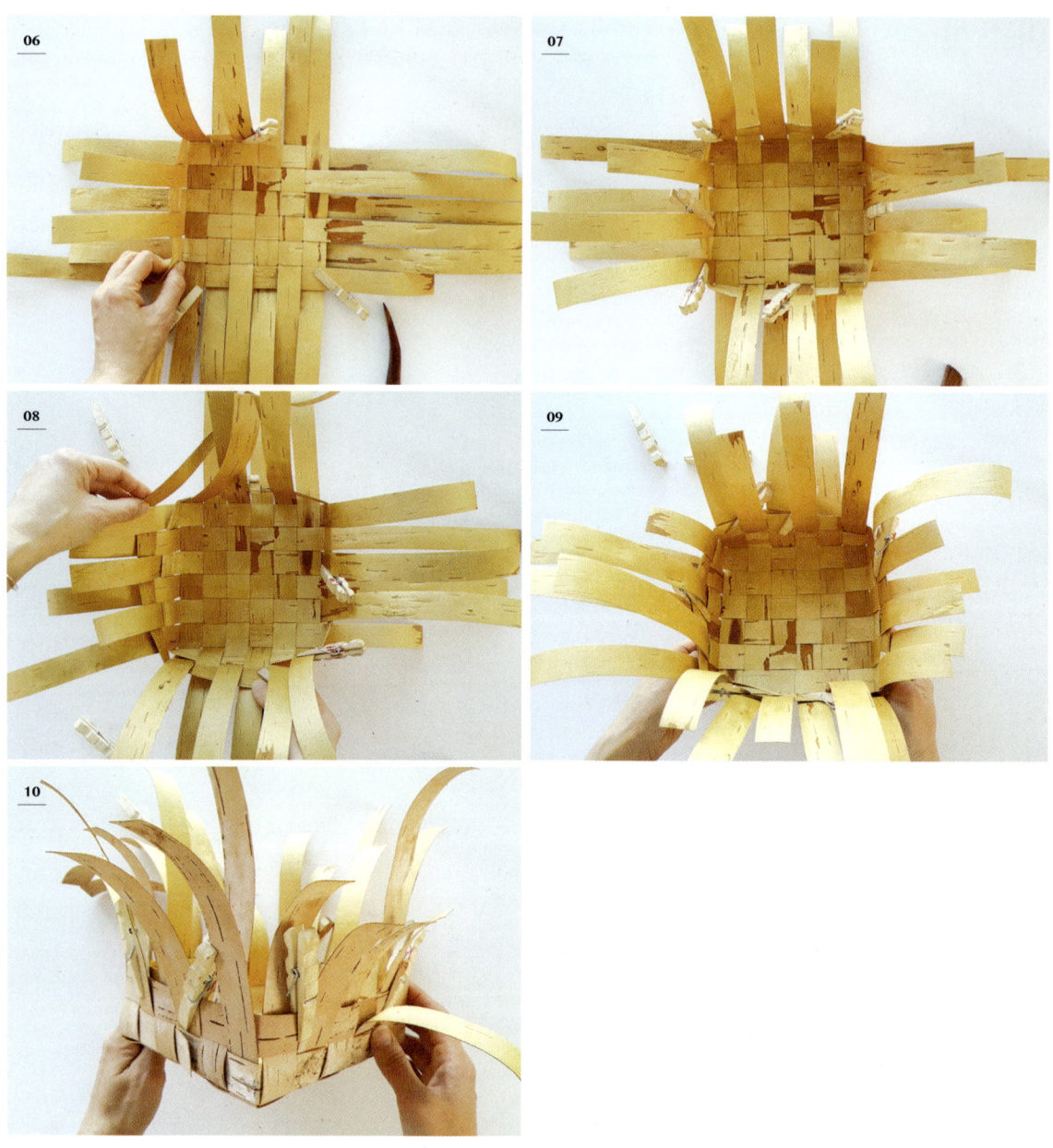

06~07 안쪽면을 만들 거예요. 벽을 세운다는 느낌으로 네베르를 교차시켜 끼워줍니다. 첫 번째 단이 됩니다.

08~09 네베르를 교차시켜 두 번째 단도 만들어줍니다.

10 여기까지 바깥에서 본 모습입니다.

11 이제 바깥면을 만듭니다. 네베르 2줄(1줄은 심지, 1줄은 겉지가 됨)을 1칸 정도 차이가 나도록 함께 잡고, 모서리에서 2~3칸 앞선 위치에 놓습니다.

12~14 A를 접어 심지와 겉지를 모두 넘도록 접어 ㄱ 아래를 지나도록 꽂아 통과시키고, B는 심지와 겉지 사이를 지나도록 끼웁니다.

15~16 그 옆면으로 진행하면서 심지와 겉지를 모두 넘는 A는 ㄱ 아래에 꽂아 통과시키고, B는 심지와 겉지 사이에 끼우기를 반복하며 둘레를 접습니다.

17 둘레를 모두 접어주었다면, 심지와 겉지 사이를 통과시켰던 B들을 정리합니다.

18 B를 ㄴ에 끼워 통과시킵니다.

19 B를 ㄴ에 모두 통과시키고 여분의 네베르들로 바닥면을 마저 꽂아 정리합니다.

20 아직 채우지 않은 옆면 1단을 채우기 위해 새로운 네베르를 준비하여 수평 통과시킵니다.

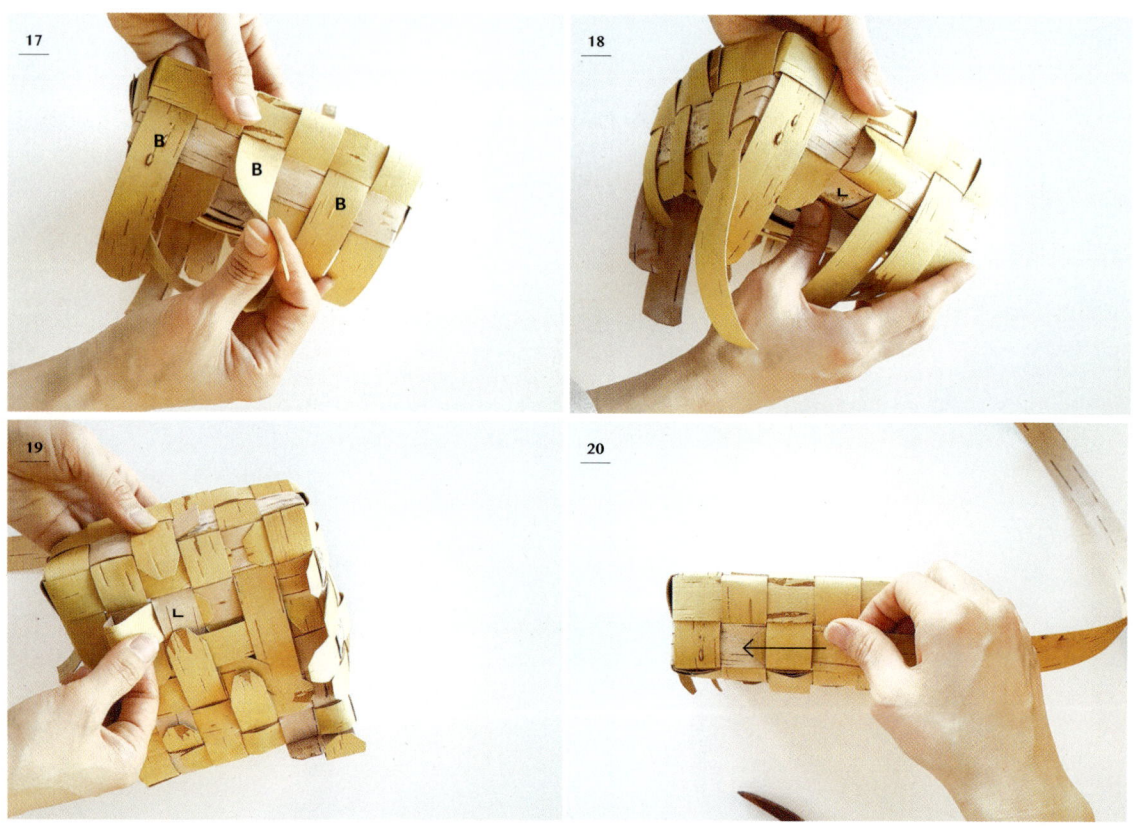

스퀘어 바스켓

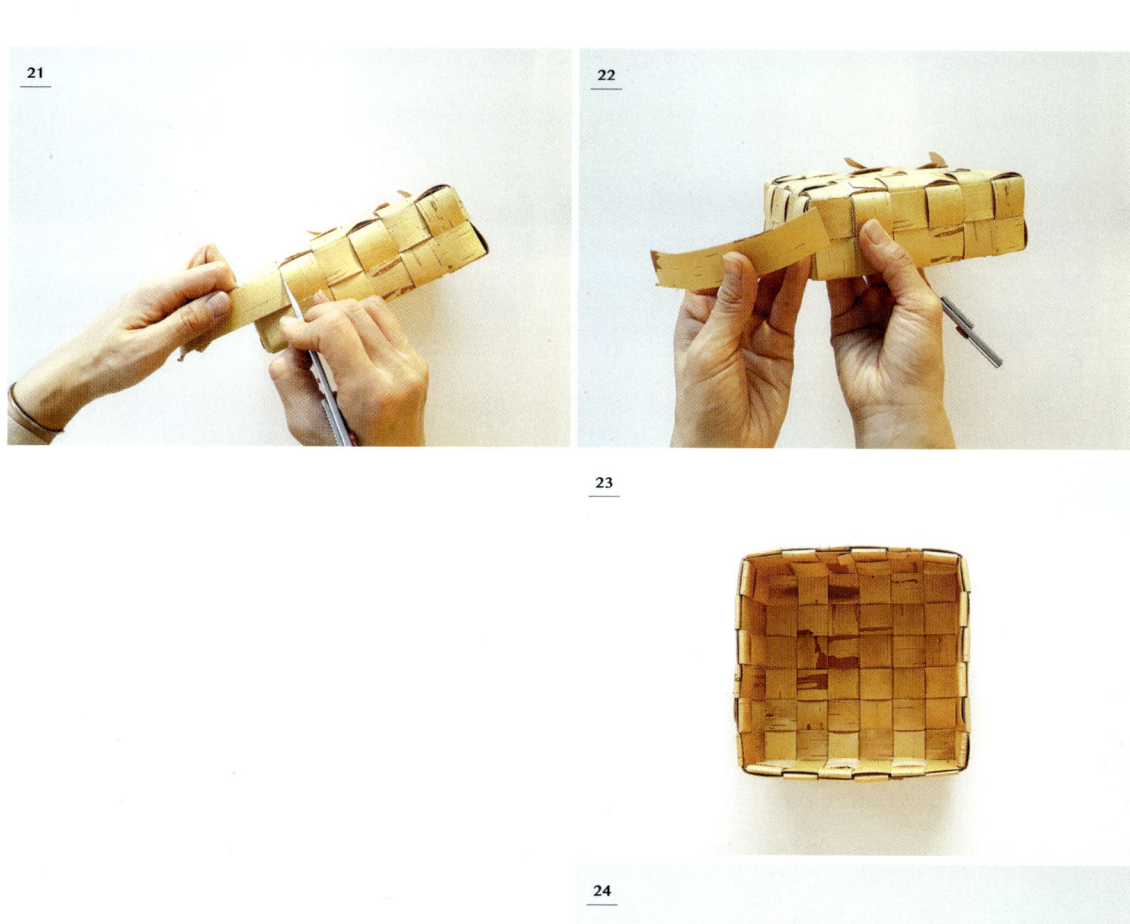

21~22 남은 네베르는 커터칼로 자르고 바닥면도 네베르를 마저 끼워 마무리합니다.

23~24 완성되었습니다.

핸들 바스켓
Handle Basket

만들기 사이즈(칸 수 기준) : 6×3×2
네베르폭 : 25mm
재료 소요량 : 약 30줄

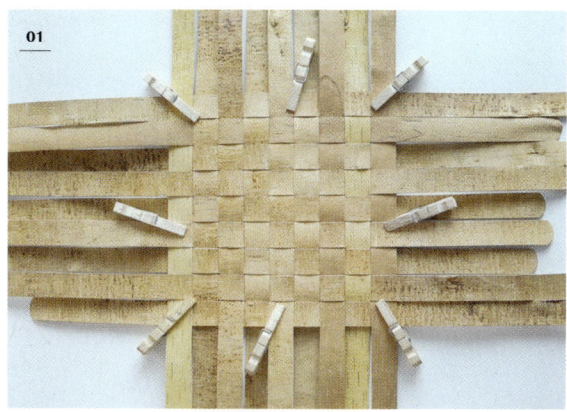

01 네베르를 가로×세로 9줄씩 사용하여 기본격자를 짭니다.

02 뒤집어서 바닥에 모양을 그려요.

03 뒷면에 표시한 자리를 확인하면서 모서리를 세워줍니다.

04~05 네 모서리를 모두 세워놓은 모습입니다.

06~07 이제 만들고자 하는 높이까지 모서리 기준으로 2칸 격자짜기를 이어갑니다. 격자짜기를 할 때는 각 격자무늬가 수평 수직, 그리고 정사각형을 유지하고 있는지 살피며 진행합니다.

08 2칸 높이를 표시합니다.

09 중앙의 위치도 알아볼 수 있도록 표시해둡니다.

핸들 바스켓

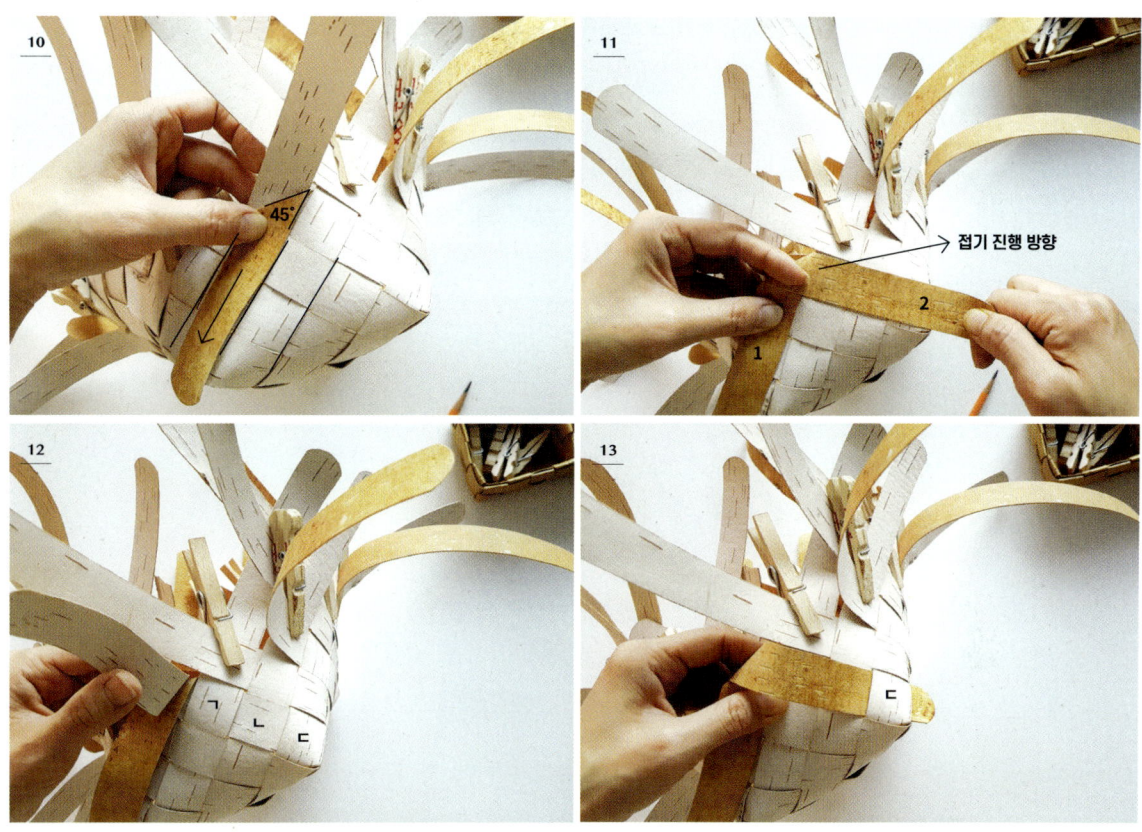

10~11 테두리를 접습니다. 격자무늬와 평행을 이루도록 45도로 바짝 접어주세요. 왼쪽으로 먼저 접고, 그다음 오른쪽으로 접었다면 접는 진행 방향은 오른쪽이 됩니다(참고로, 45도 접기가 오른쪽으로 먼저 접고 그다음 왼쪽으로 접었다면 접기 진행 방향은 왼쪽입니다. 라운드 바스켓 만들기를 참고해도 좋아요).

12~13 오른쪽 45도 접은 네베르는 ㄷ 아래를 꽂아 통과시킵니다.

14 왼쪽으로 먼저 꺾은 네베르는 ★ 아래로 끼우고 오른쪽으로 꺾은 네베르는 ㄷ에 꽂기를 반복합니다.

15~17 같은 방법으로 만들어갑니다.

18~19 중앙 표시된 곳까지 왔다면 중앙표시선 기준 양쪽 A, B, C, D는 접지 않고 건너뜁니다.

핸들 바스켓

20 사진처럼 양쪽 모두 접지 않고 남겨둡니다. 나머지 부분은 끼워 정리합니다.

21 동그라미로 표시한 부분의 네베르가 산 모양이 되도록 8부 길이(한 칸이 안 되게)로 자릅니다.

22 A, D를 접어 끼웁니다.

23 B, C는 8부 길이(한 칸이 안 되게)로 자릅니다. 반대쪽도 같은 방법으로 합니다.

24~25 새 네베르 4줄을 각각 바깥쪽과 안쪽 ★에 끼웁니다.

26 네베르의 숫자를 잘 보세요.

27 핸들의 심지가 되어줄 새 네베르를 세워줍니다.

28 1을 접습니다.

29 2를 접습니다.

30 3을 접습니다.

31~32 4를 접고 뒷면에서 4가 1의 뒤로 지나가는 것을 확인합니다. 여기까지가 손잡이 한 칸(1회) 완성한 것입니다.

33~34 같은 방법으로 6~7회 반복합니다.

35~37 적당한 길이(7회)가 되면 심지는 산 모양으로 8부 길이로 잘라둔 사이에 꼽고 네베르를 앞쪽으로 2개, 뒤쪽으로 2개로 나눈 뒤, 각각 화살표 표시 방향으로 ★에 꽂습니다.

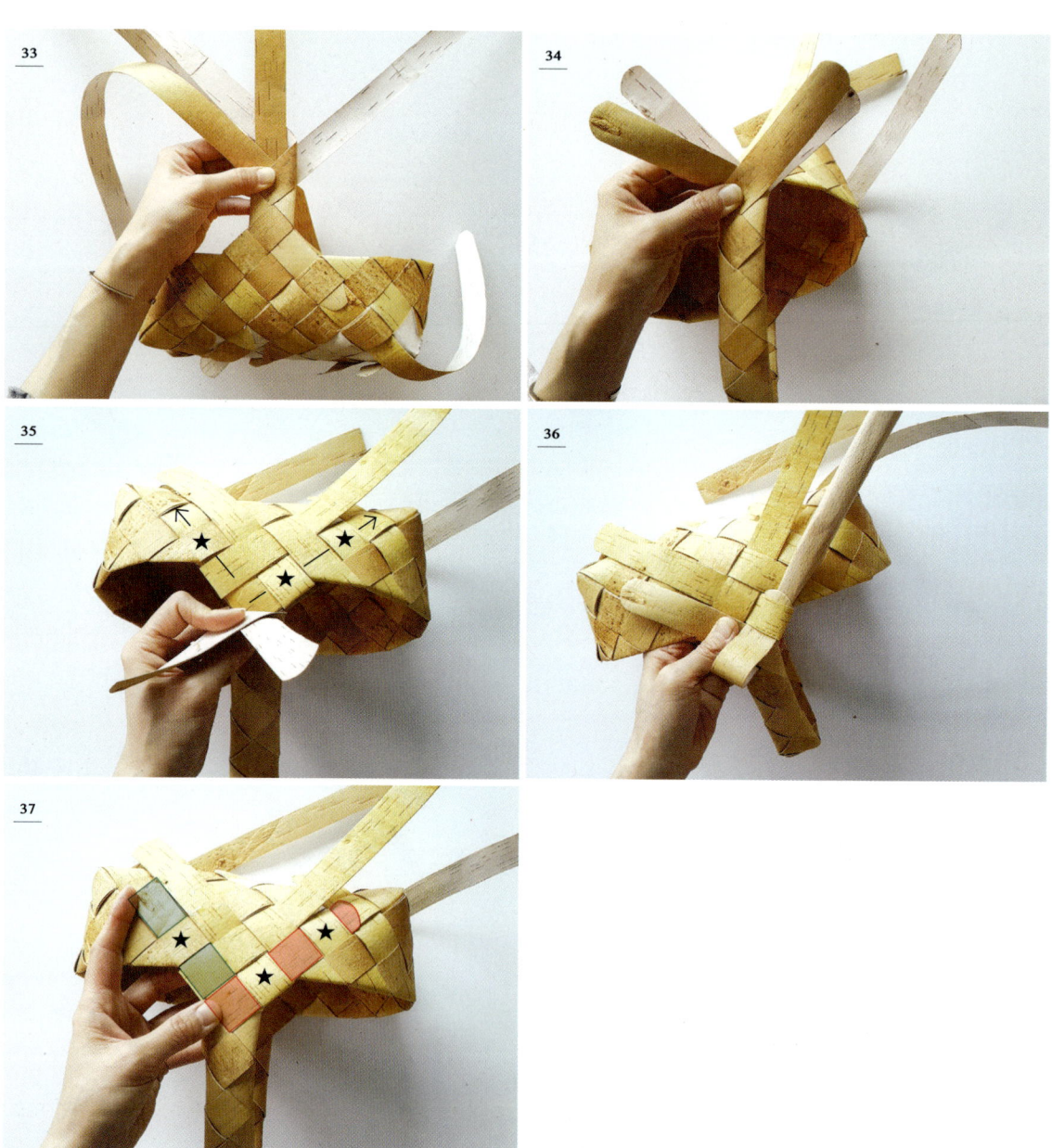

핸들 바스켓

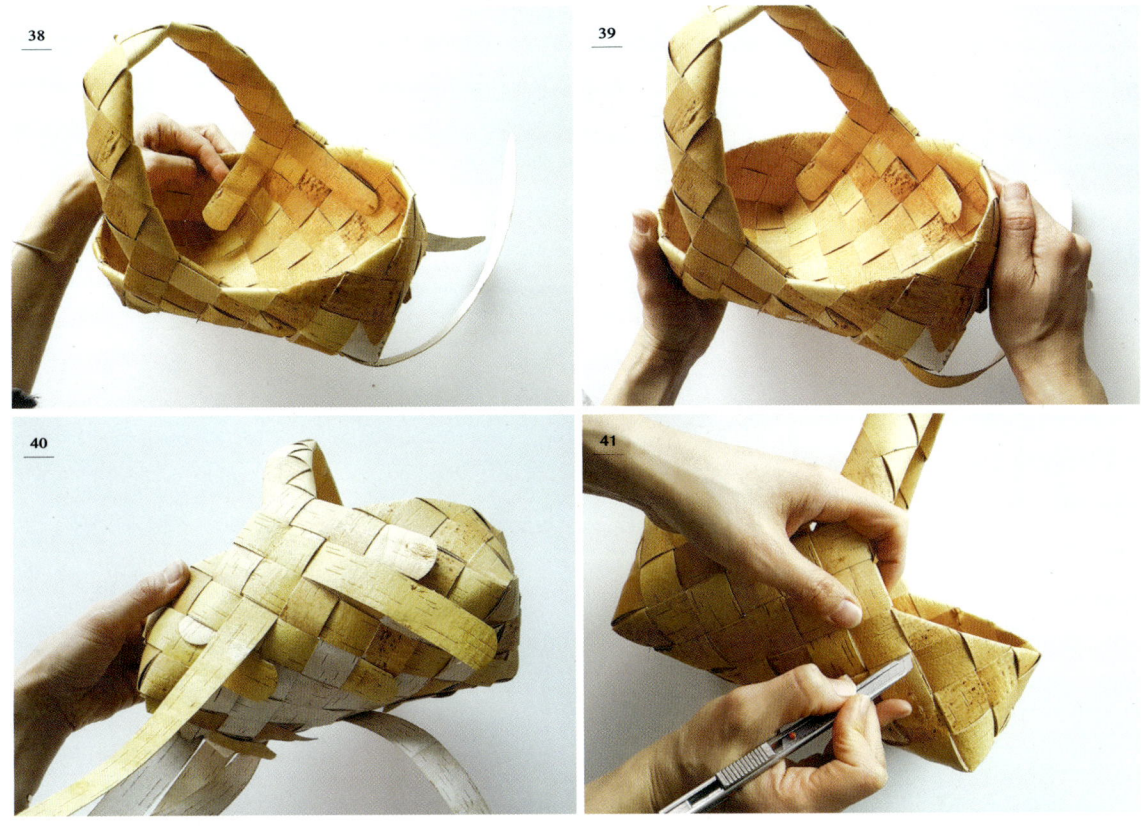

38~39 안쪽 면에 꽂은 모습입니다.

40~41 바깥 면을 정리합니다. 끼워지지 않은 곳들을 네베르를 끼워 정리하고 여분의 네베르는 잘라냅니다.

Hanging Planter

행잉 플랜터
Hanging Planter

만들기 사이즈(칸 수 기준) : 3×3×3
네베르폭 : 20mm
재료 소요량 : 약 20줄

01 네베르를 가로×세로 6줄씩 격자로 짭니다. 네베르의 격자 모양이 서로 수평과 수직을 이루는 것에 주의하세요. 짜임의 네 모서리는 풀리지 않도록 집게로 고정합니다.

02 뒷면에 모서리 세 곳을 표시합니다.

03~04 다시 뒤집어 겉면이 위로 오게 한 후, 표시해둔 모서리 위치를 확인하면서 세 곳의 모서리를 만듭니다.

05~06 세곳의 모서리를 만들고 나면 모서리 기준 높이 3칸이 될 때까지 벽을 쌓아올립니다.

07~09 바깥쪽에서 세 개의 모서리를 확인하면 이러합니다.

10~11 직각으로 만나는 A와 B를 잡고 두 끝이 수평으로 만나도록 꺾습니다.

행잉 플랜터

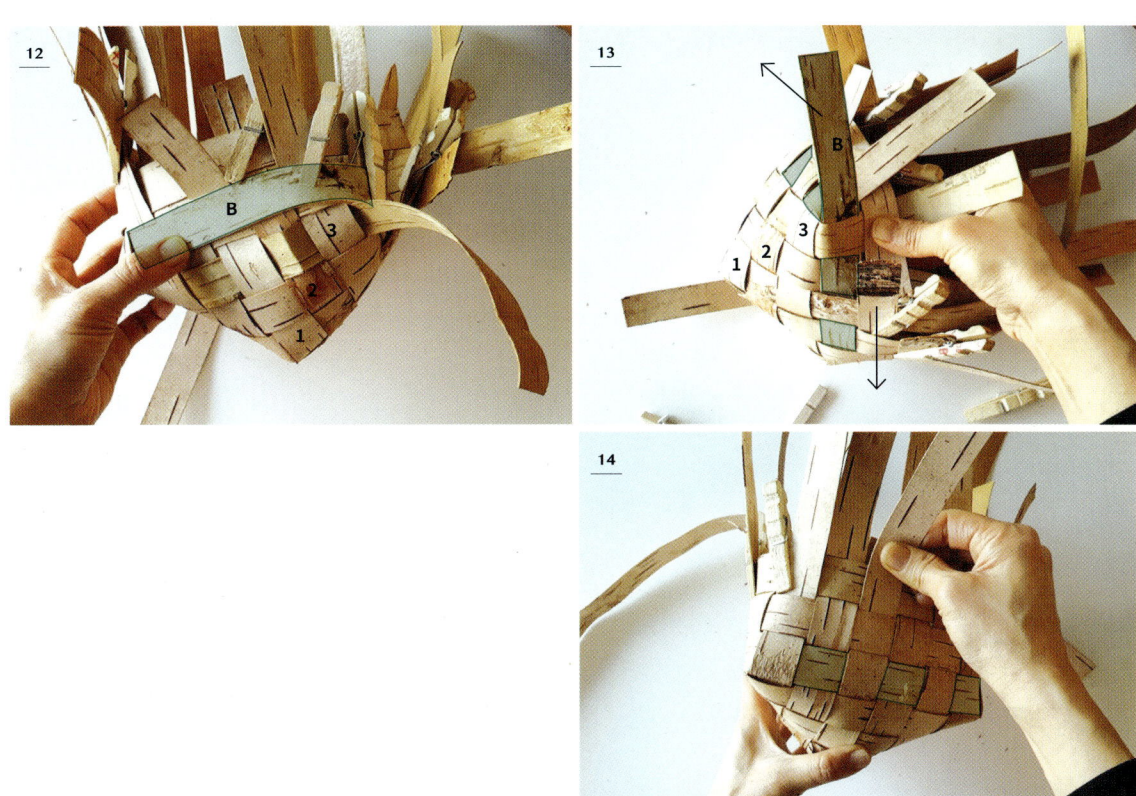

12~13 윗칸도 수평으로 이어지도록 꺾습니다.

14 그렇게 3줄 네베르를 수평으로 이으면 사진과 같습니다.

15~16 여기에 새 네베르 1줄을 교차해서 끼워 4단을 만들어줍니다.

17~18 심지와 겉지를 이룰 새로운 네베르 2줄을 놓고 상단을 접어 테두리를 만듭니다.

♦ **스퀘어 바스켓 테두리 만들기를 참고하기**(81쪽)

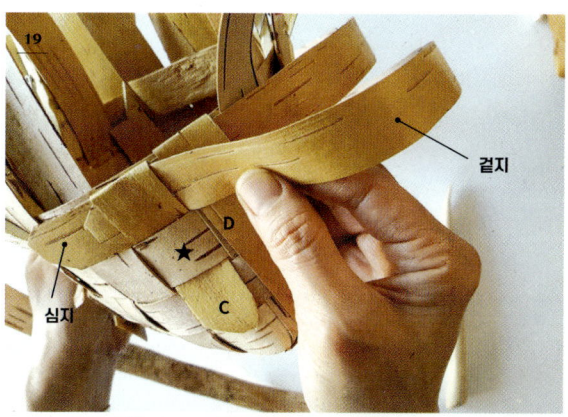

19 시작은 심지와 겉지를 모두 넘는 네베르부터 합니다. C는 심지 겉지를 모두 넘어 ★에 끼우고 D는 접어 심지와 겉지 사이를 지나게 통과시킵니다.

20 반복하여 테두리를 모두 끼워줍니다.

21 겉면에 남은 네베르를 모두 끼워 정리합니다.

22~24 옆면 가로줄을 채워줍니다.

25 모두 끼운 다음 커터칼로 여분의 네베르를 정리합니다.

26 완성된 모습입니다. 이 상태에서 끈을 달아도 되고, 테두리를 만든 뒤 끈을 달아도 됩니다.

행잉 플랜터

27 테두리를 두를 길이를 재어 네베르를 잘라두고 목공본드를 준비합니다.

28~29 목공본드를 이용해서 새 네베르를 윗단에 붙입니다. 본드를 바르고 네베르를 두른 후, 마를 때까지 집게로 고정해서 말립니다.

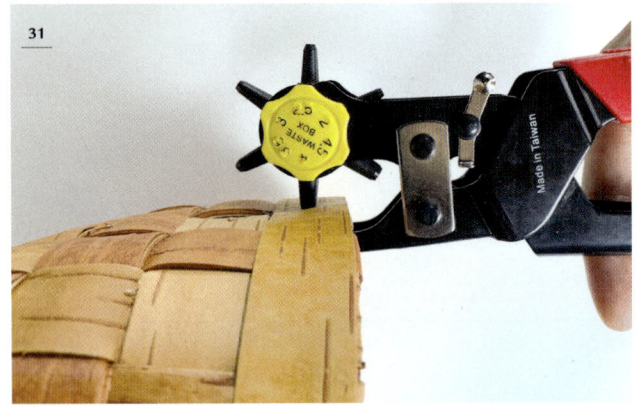

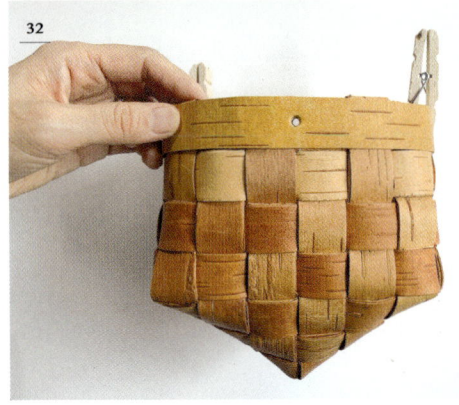

30 원하는 길이의 2배가 되는 끈 3개와 펀칭을 준비합니다.

31~32 세 면의 끝단 중앙에 구멍을 뚫어줍니다.

행잉 플랜터

33~35 구멍에 끈을 끼워 고정합니다.

36 세 끈을 매듭하여 고리를 달면 완성입니다.

• Double Coner Basket

더블 코너 바스켓
Double Coner Basket

만들기 사이즈(칸 수 기준) : 4×4×2.5
네베르폭 : 25mm
재료 소요량 : 약 20줄

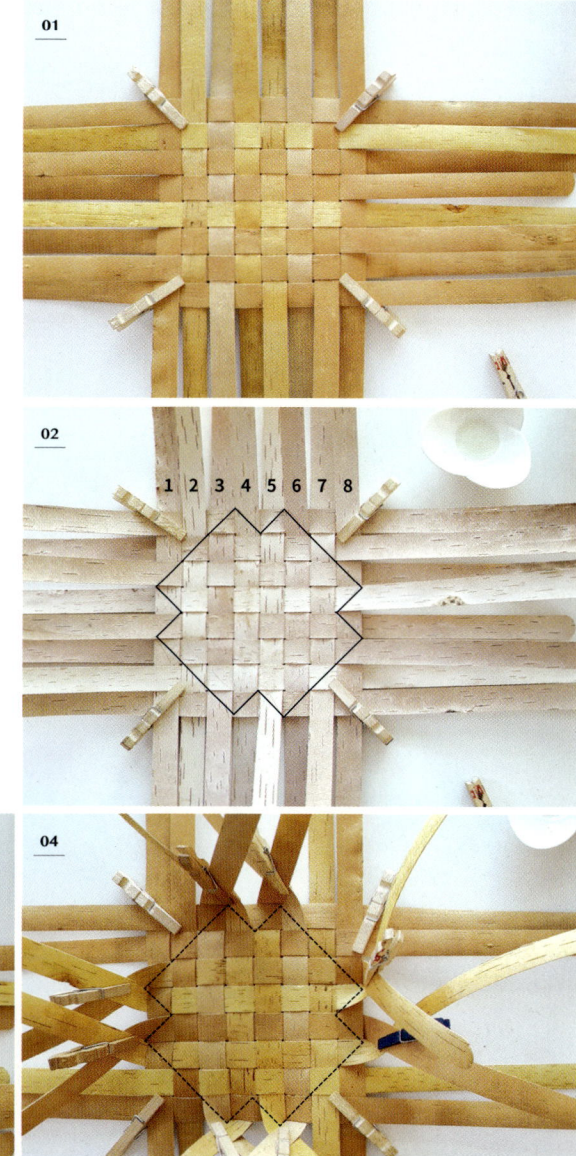

01 네베르를 가로×세로 6줄씩 사용하여 기본격자를 짭니다. 네베르 테이프의 격자모양이, 서로 수평과 수직을 이루도록 주의합니다. 짜임의 네모서리는 짜임이 느슨히 풀리지 않도록 집게로 고정합니다.

02 뒷면에 모서리가 될 곳을 표시합니다.

03~04 다시 뒤집어 겉면이 위로 오게 한 후, 뒷면에 표시한 곳의 위치를 확인하면서 모서리를 잡습니다.

05 각 모서리의 위치를 확인하고 나면 바닥의 형태가 잡히도록 네베르를 각각 결대로 정리합니다.

06~07 안쪽과 바깥쪽에서 보는 바닥면의 모습입니다.

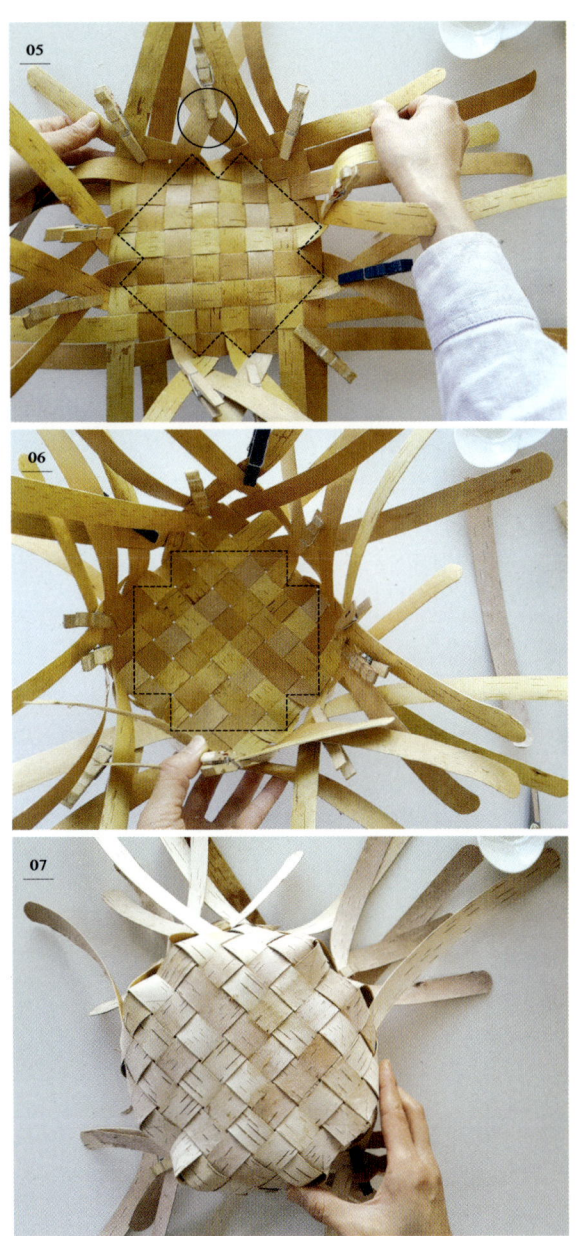

더블 코너 바스켓

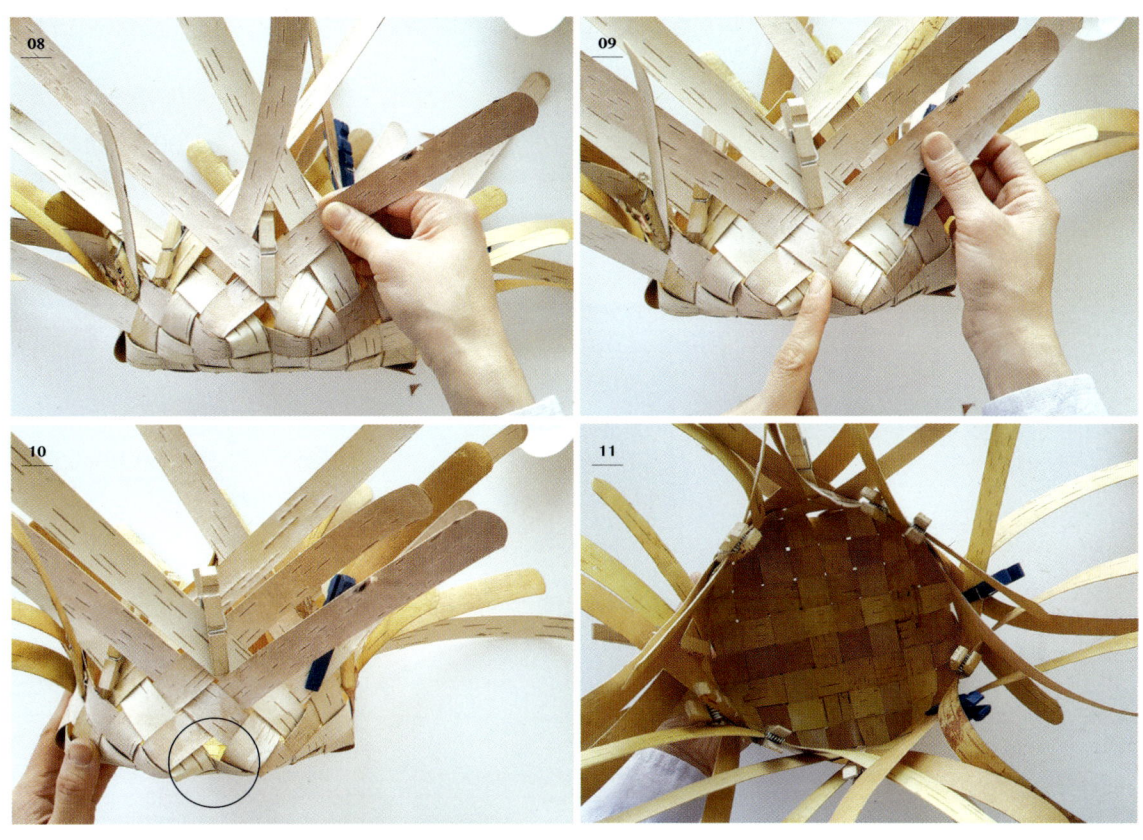

08~09 모서리가 조여질 수 있도록 모서리 부분을 중심으로 높이를 쌓아갑니다.

10~11 더블 코너 바스켓은 두 모서리 사이에 오각형의 여유가 생기는 것이 자연스럽습니다. 무리하게 구멍의 크기를 줄이려고 하기보다 모서리마다 생긴 오각형의 구멍이 같은 사이즈로 유지될 수 있도록 하는 것이 좋습니다.

12 모서리 부분 A와 B가 더블유 모양을 가지도록 손으로 눌러줍니다.

13 두 개의 각이 생기도록 그 형태를 잡은 바구니의 모습입니다.

14 높이는 모서리를 기준으로 2칸 반입니다.

15~16 C를 ㄱ(두 번째칸), D를 ㄴ(세 번째칸)에 끼워줍니다.

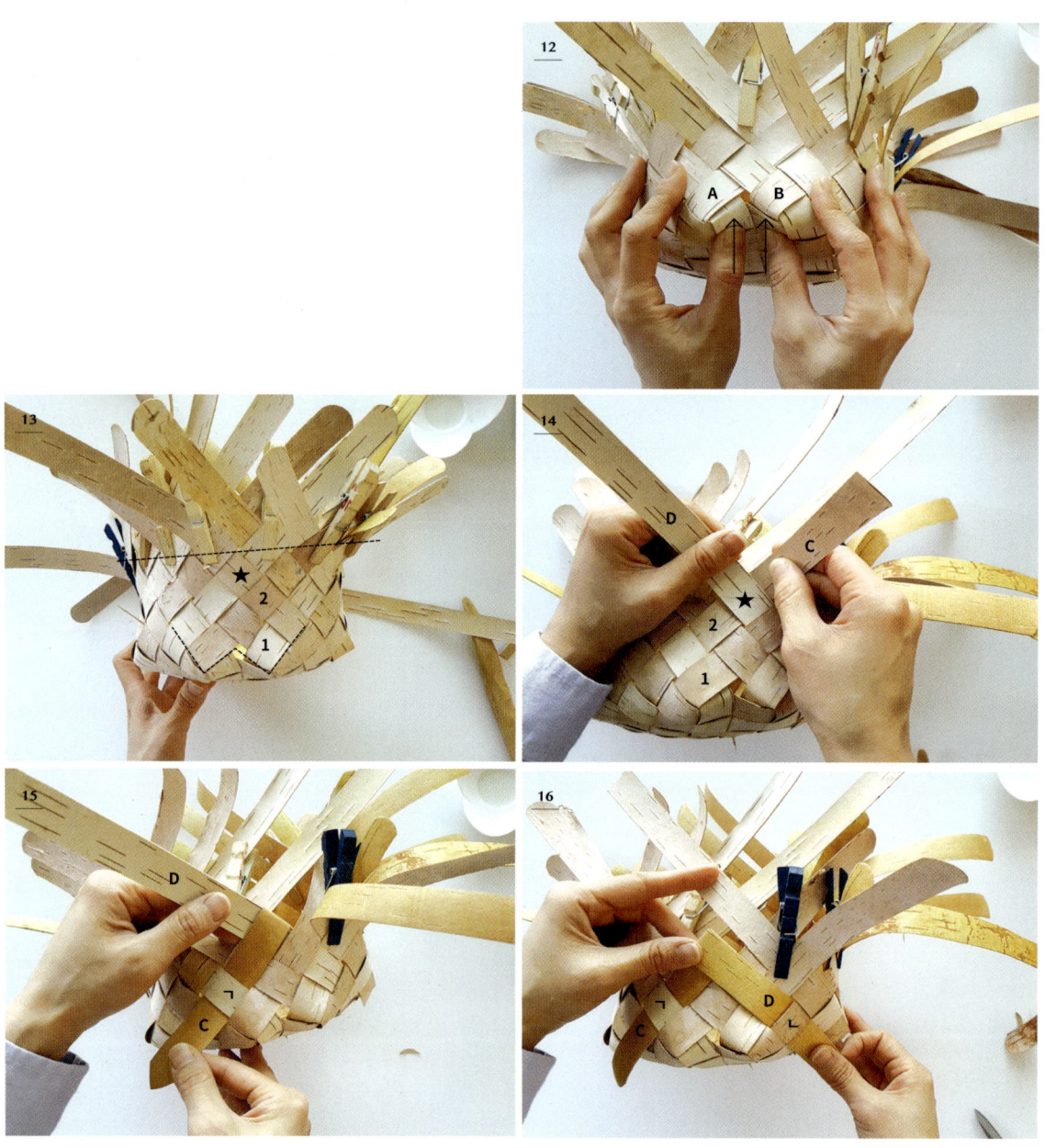

110

더블 코너 바스켓

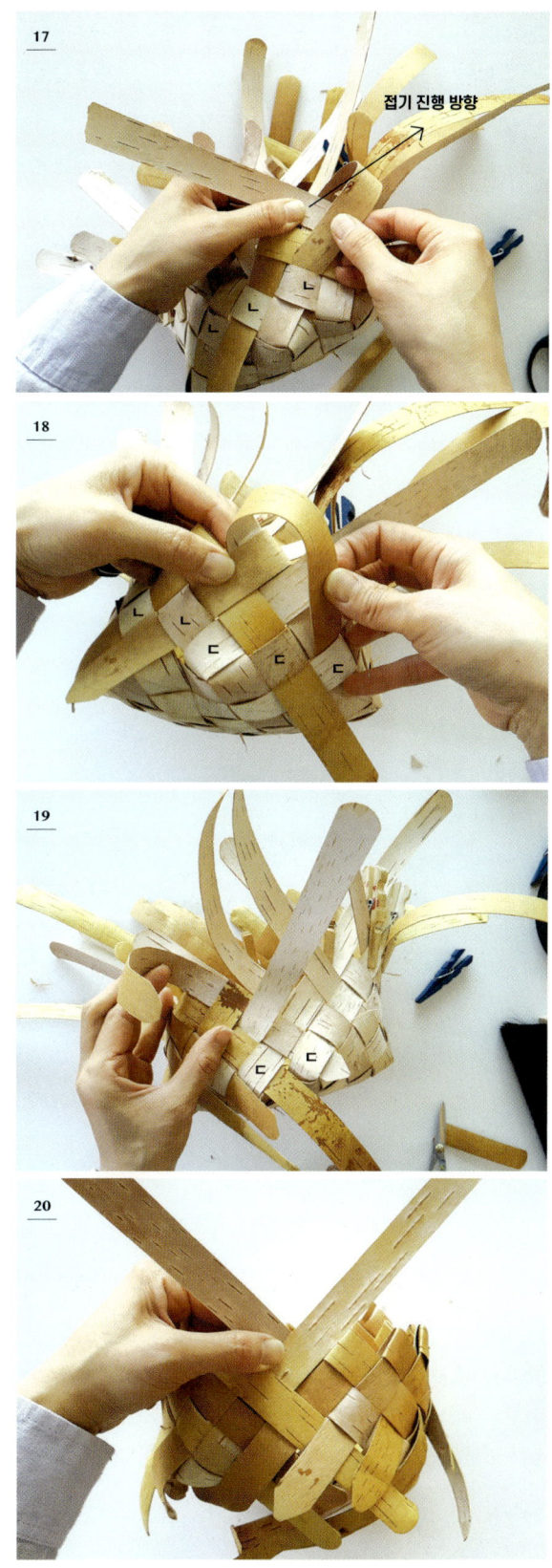

17~18 테두리 접기 방향은 오른쪽입니다.

19 테두리 접기를 이어갑니다.

20 마지막 남은 테두리입니다.

21~22 오른쪽 네베르를 꽂고, 왼쪽 네베르는 주걱끝이 보이는 저 위치를 통과하도록 끼웁니다.

23 상단 테두리는 완성되었습니다.

24~25 바닥도 모서리 부분부터 끼워 정리합니다. 모두 채운 다음 여분의 네베르는 잘라냅니다.

더블 코너 바스켓

26~27 완성된 모습입니다.

Wall Basket

월 바스켓
Wall Basket

만들기 사이즈(칸 수 기준) : 5×2×4
네베르폭 : 22mm
재료 소요량 : 약 30줄

01 네베르를 가로×세로 7줄씩 사용하여 기본격자를 짭니다. 네베르 테이프의 격자모양이, 서로 수평과 수직을 이루도록 주의합니다. 짜임의 네모서리는 짜임이 느슨히 풀리지 않도록 집게로 고정합니다.

02 뒤집어 월 바스켓의 바닥모양을 그려 모서리 자리를 표시합니다.

03 모서리를 만듭니다.

04 A, B를 각각 양방향으로 정리합니다.

05 바깥쪽에서 본 짧은 면의 두 모서리 모습입니다.

06 네 모서리를 접고 나면 가로 5칸, 세로 2칸의 바닥면을 볼 수 있습니다.

07 그대로 격자짜기를 이어가면서 벽을 만들어 모서리 기준으로 3칸 이상 쌓아 올립니다.

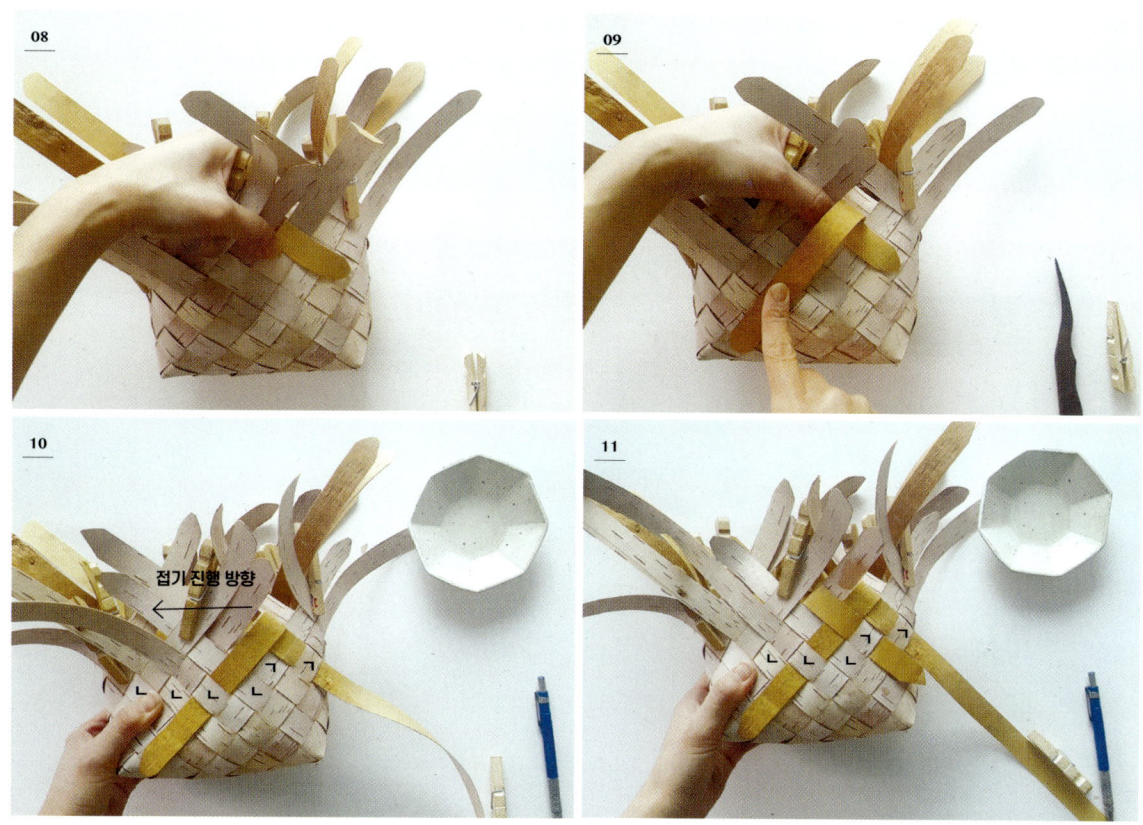

08~09 앞면은 지그재그 접기로 모양을 냅니다.

10~11 접기 진행 방향은 왼쪽입니다.

12~13 앞면에 지그재그가 4개 완성되면 접기를 잠깐 멈추고 뒷면 짜기를 시작합니다.

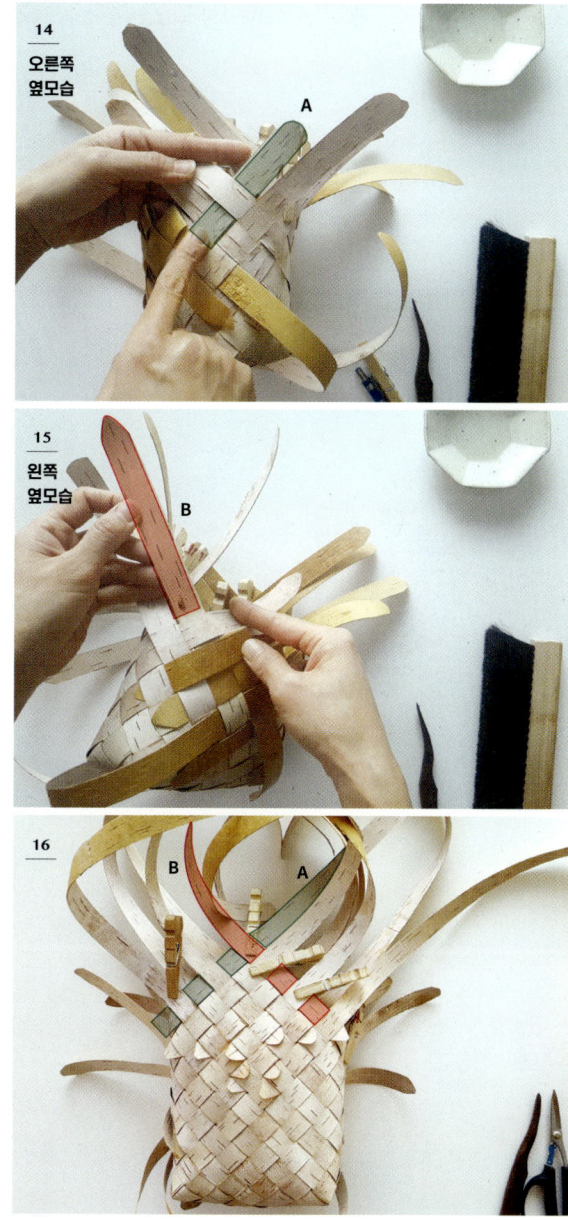

14 바스켓의 오른쪽 옆모습입니다.

15 바스켓의 왼쪽 옆모습입니다. A, B 네베르가 만날 때까지 격자를 짜서 뒷면을 만듭니다.

16 모자란 재료를 이어주며 형태를 완성한 뒷면 모습입니다.

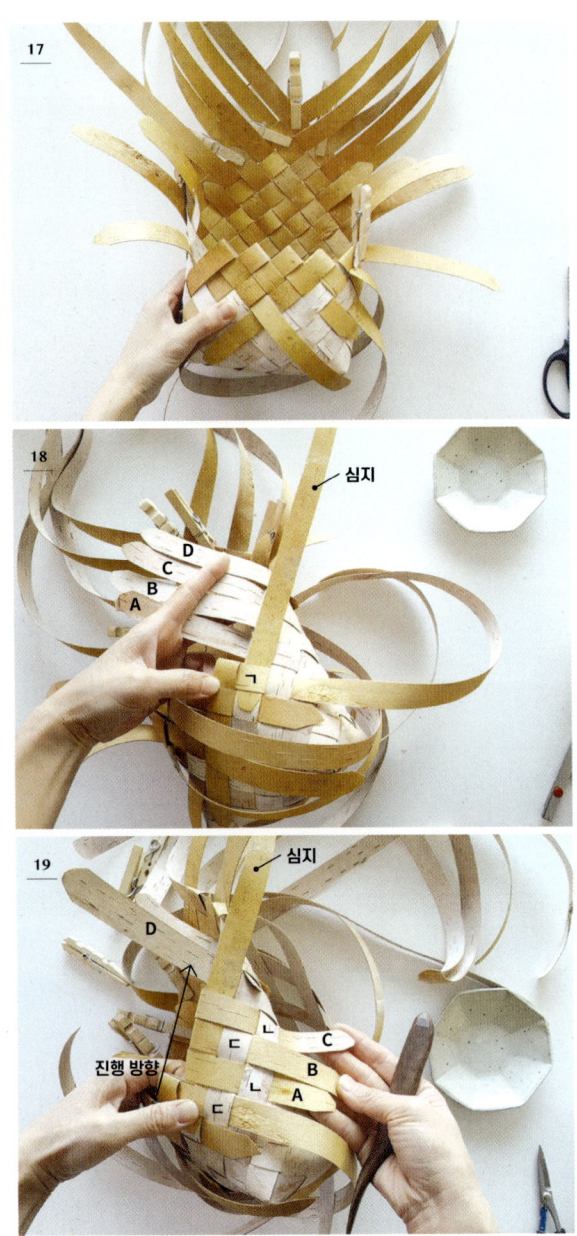

17 앞에서 본 모습입니다.

18 ㄱ의 자리에 심지를 끼웁니다.

19 A, B, C, D 네베르 모두 심지를 감싸면서 ㄴ, ㄷ의 자리에 꽂으며 진행합니다.

20 상부 꼭지부분에 오면 심지는 사진과 같이 8부 길이(한 칸이 안 되게)로 사선 컷트하고 집게로 집어 고정합니다.

21 반대편 옆라인도 ㄹ의 위치에 심지를 꼽고 19번과 같은 방법으로 네베르를 모두 꽂습니다.

22 심지 역시 20번처럼 사선으로 컷팅합니다.

23 여기까지 진행한 뒷면의 모습입니다.

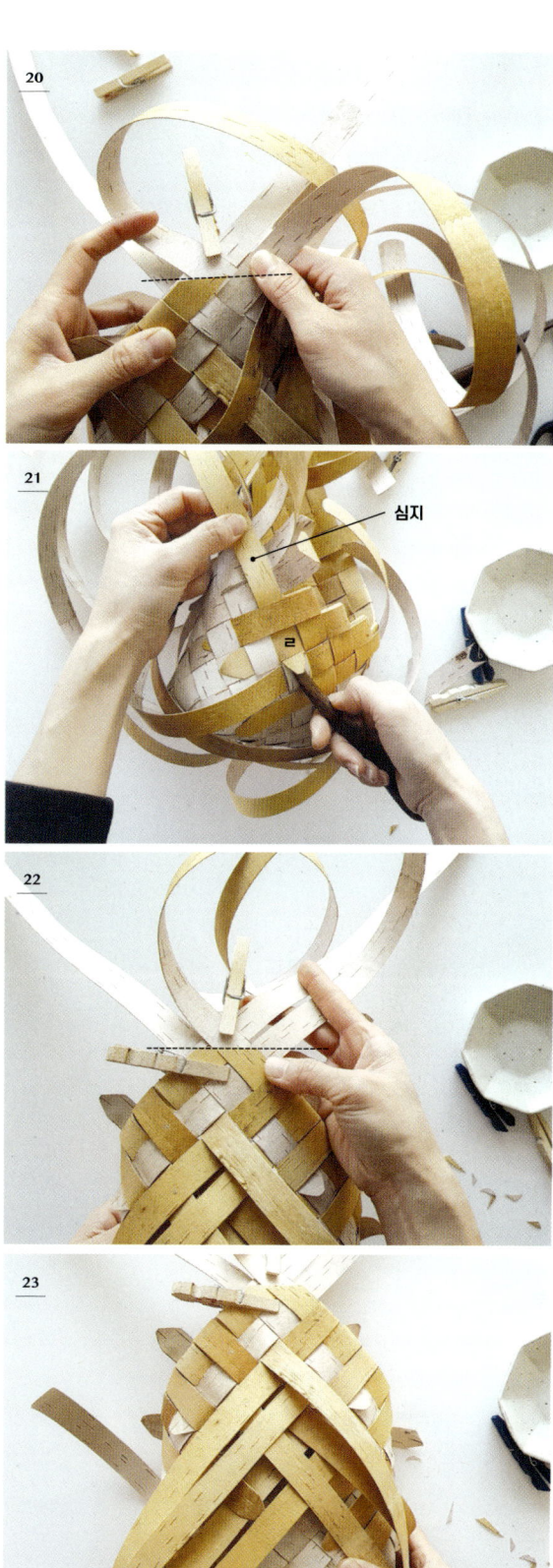

24 꼭지부분이 되는 A, B 네베르는 점선에 맞춰 접습니다.

25 B를 접어 ㅁ에 통과시킵니다.

26~27 A를 접어 ㅂ에 통과시킵니다.

월 바스켓

28~30 C를 ㅅ에 D를 ㅇ에 통과시킵니다.

31 각각의 네베르를 꽂아 정리합니다.

32 뒷면으로 넘어온 네베르를 모두 꽂은 모습입니다.

33 네베르의 끝부분은 사선으로 둥글게 잘라 정리합니다. 이어주거나 끊김이 보이지 않도록 하기 위해서입니다.

34 새 네베르와 이어주기는 보통 1~3칸까지 겹치도록 꽂습니다.

35 완성 전까지는 이어준 네베르의 시작 위치를 파악하기 위해 네베르를 조금 남겨둡니다.

36~37 두 네베르가 만나는 부분도 아래에 위치하는 네베르는 사선으로 잘라 보이지 않도록 하고 위로 올라온 부분은 반듯하게 커터칼로 정리합니다.

38 모든 부분의 격자짜기를 마친 후에는 남겨두었던 네베르들도 차례로 잘라 표면을 깔끔하게 정리합니다.

39 사진의 위치에 펀칭기 등을 이용해 구멍을 뚫습니다.

월 바스켓

40~41 끈을 넣어 앞면쪽에 매듭을 지어 완성합니다.

42 완성되었습니다.

• Star Ornament

오너먼트 별
Star Ornament

네베르폭 : 20mm
재료 소요량 : 약 4줄

01 네베르를 가로×세로 2줄씩 격자로 짭니다. 바닥짜기는 네베르의 격자 모양이 서로 수평과 수직을 이루는 것에 주의합니다.

02 A를 접어요.

03~04 이어 B, C, D 순으로 접습니다.

05 뒤집어요.

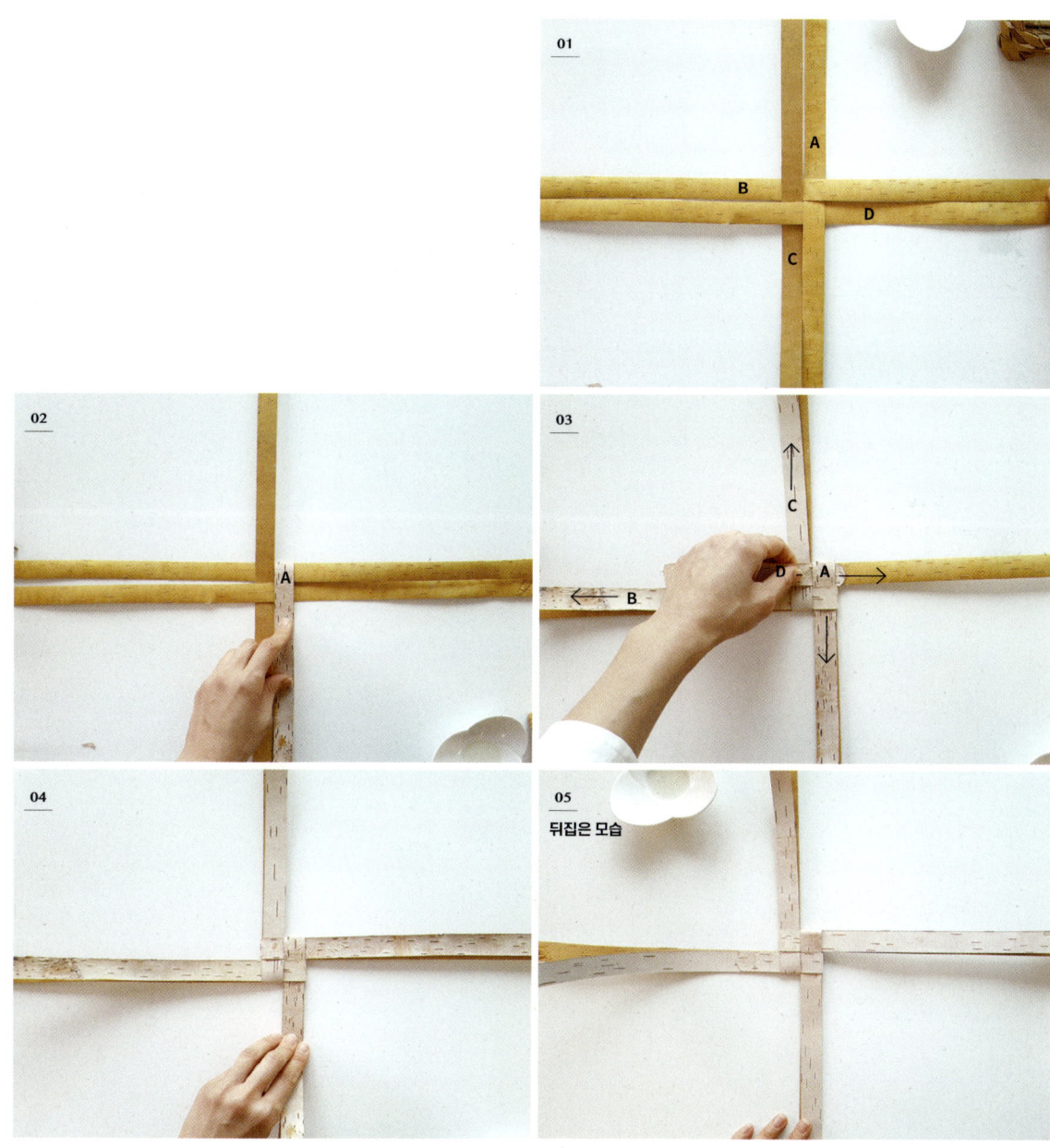

06~07 02~03방법으로 접습니다.

08 네베르 겉면이 위를 향하게 되었어요.

09 뒷모습입니다.

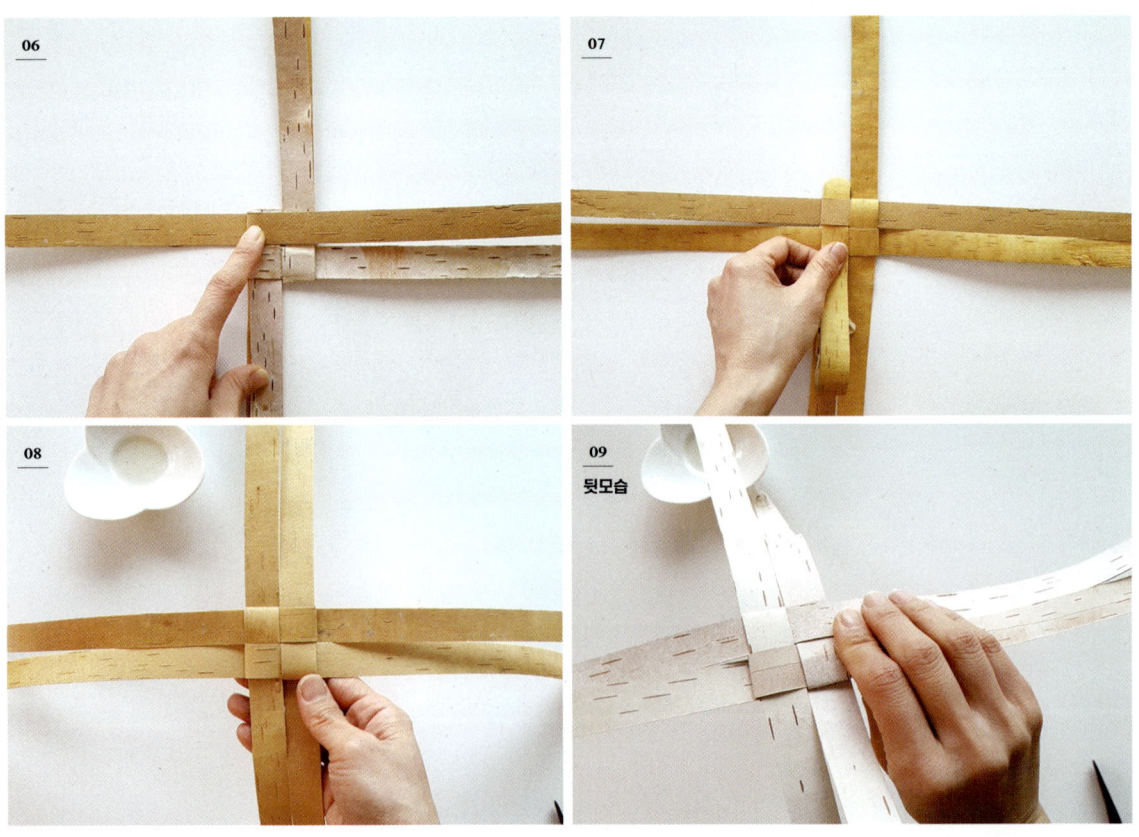

오너먼트 별

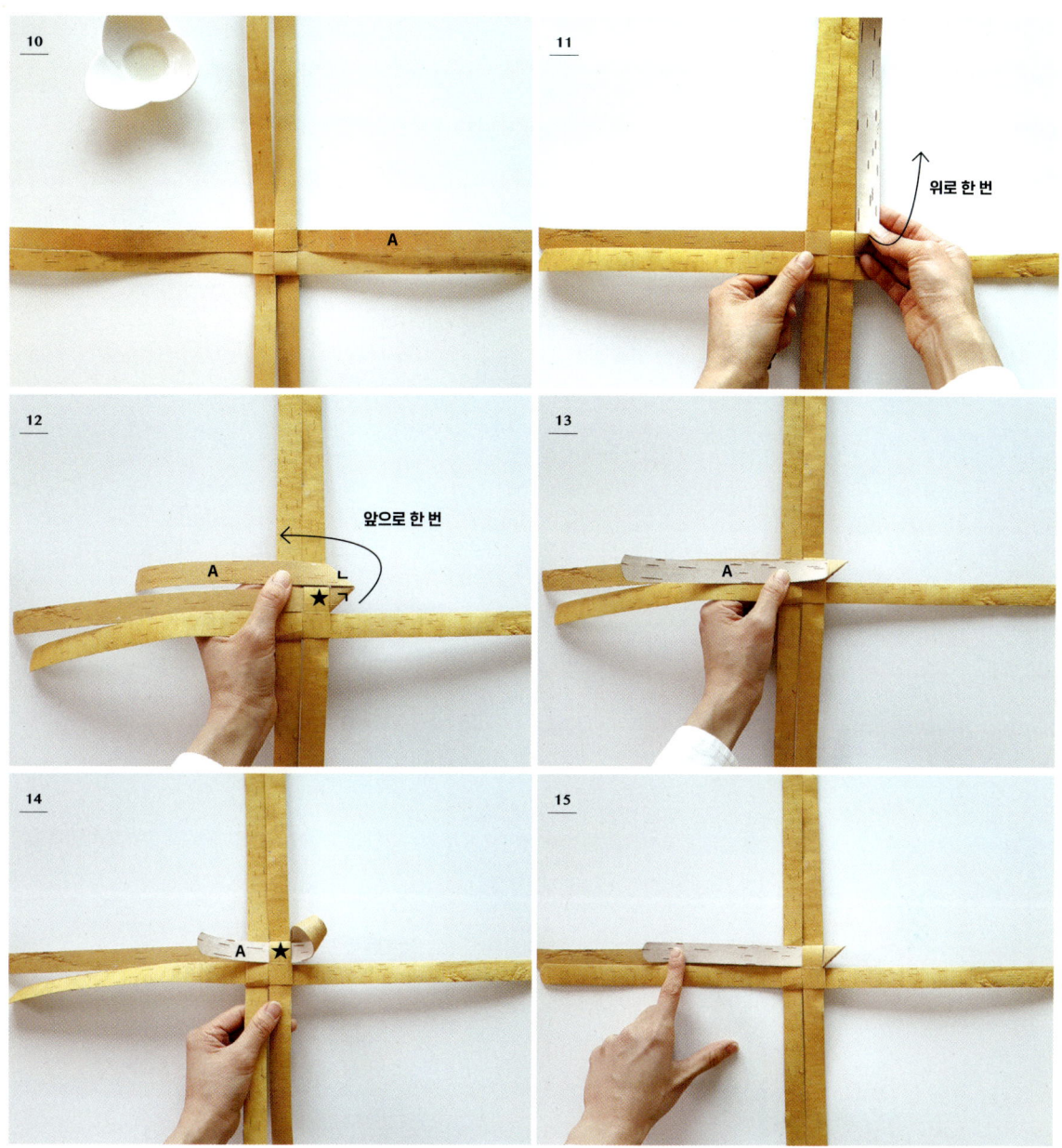

10 네베르 겉면이 보이게 한 상태에서 다시 네베르를 접어나갑니다.

11 A를 화살표 방향으로 위로 45도 접습니다.

12 다시 사진과 같이 45도 앞으로 접어요.

13 ㄱ, ㄴ이 맞붙도록 한 번 더 접습니다.

14~15 A가 ★ 아래를 지나도록 끼웁니다.

16~17 B, C, D 를 A와 같이 반복해서 접어주세요.

18 A, B, C, D 모두 접은 모습입니다.

19 다시 전체를 뒤집어주세요.

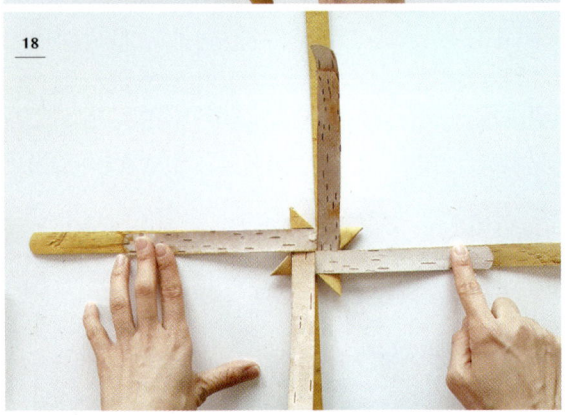

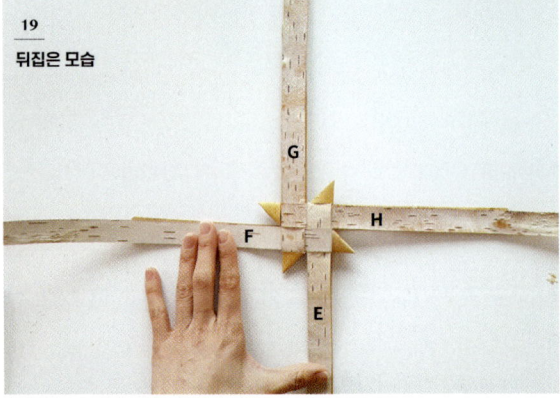

오너먼트 별

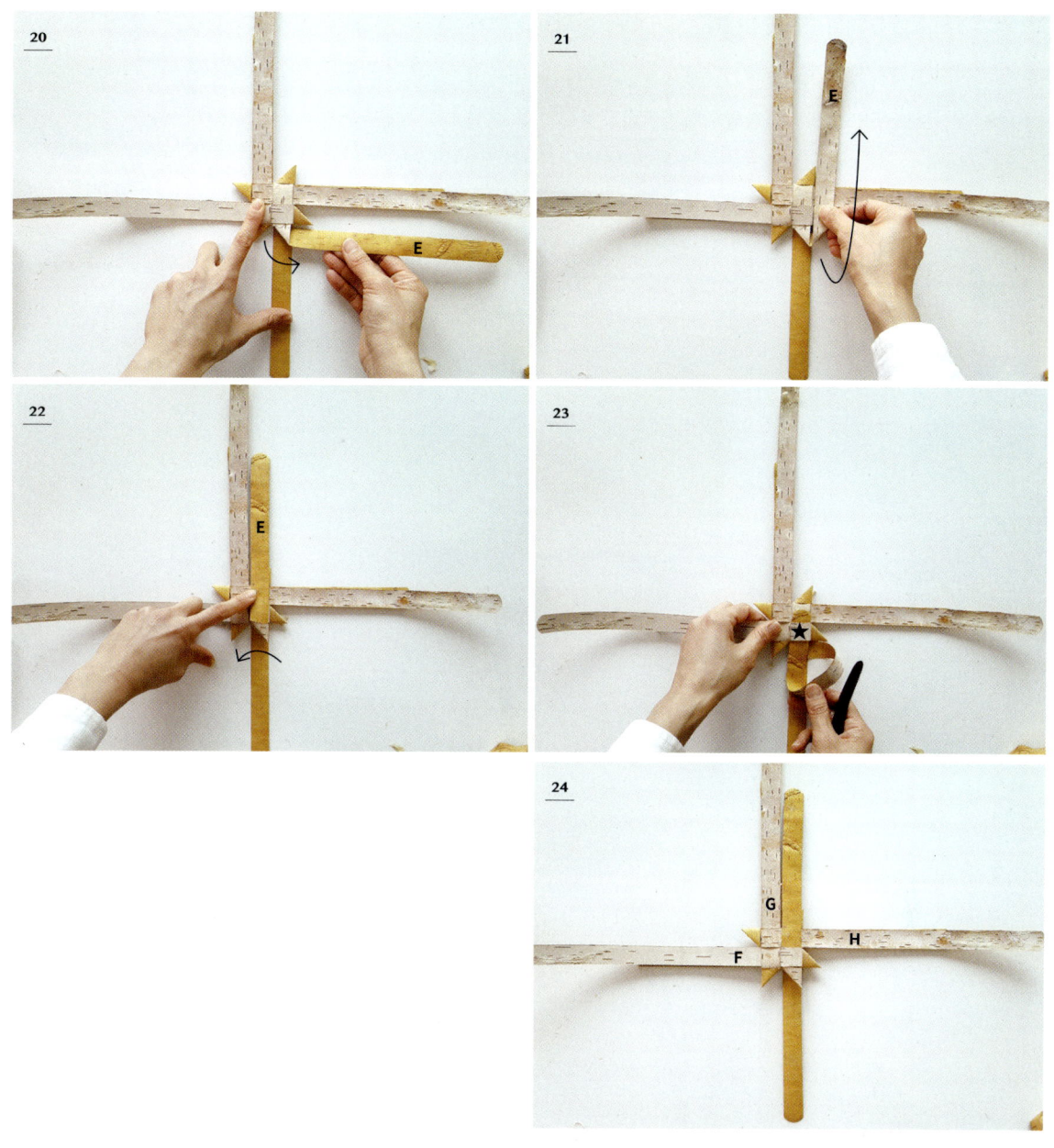

20~23 뒤집은 상태에서 E도 11~15번 네베르 A접기처럼 접은 뒤 ★ 아래를 지나도록 끼웁니다.

24 F, G, H를 E와 같은 방법으로 접어요.

25 여기까지 접었을 때의 앞모습입니다.

26 여기까지 접었을 때의 뒷모습입니다.

27~28 앞면으로 두고 ㄱ을 아래방향으로 접어요.

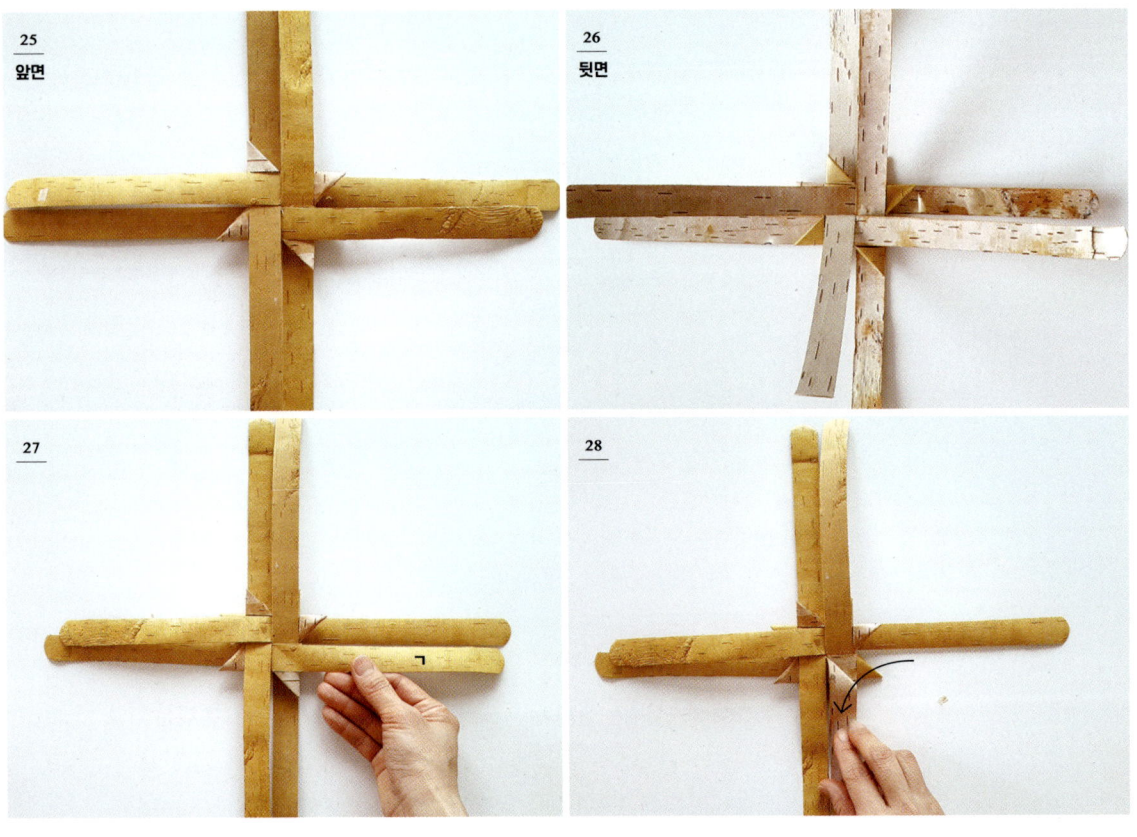

오너먼트 별

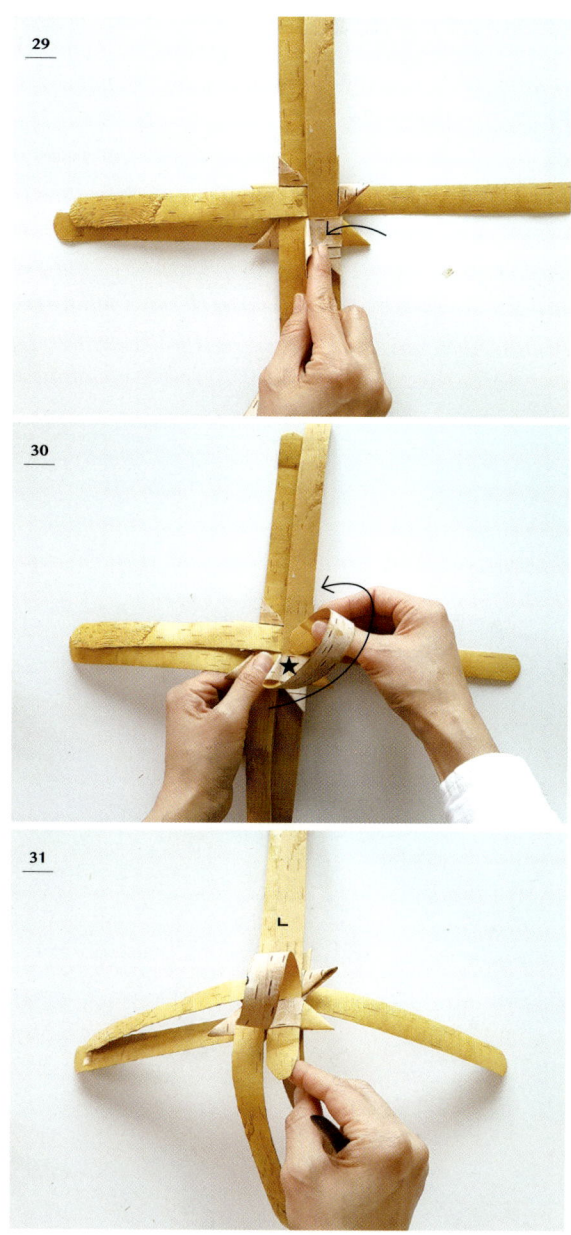

29 직각으로 세웁니다.

30~31 끝을 ★ 아래로 통과시켜요. 이때 끝까지 잡아당기지 않고 느슨한 상태로 둡니다. ㄴ을 접기 편하게 하기 위해서입니다.

135

32~36 이제 ㄴ을 바깥쪽으로 접고 직각으로 세운 뒤 ★ 아래를 지나도록 통과
시켜 원뿔 모양의 형태가 잡힐 정도로 조절합니다.

37 ㄷ, ㄹ도 반복합니다.

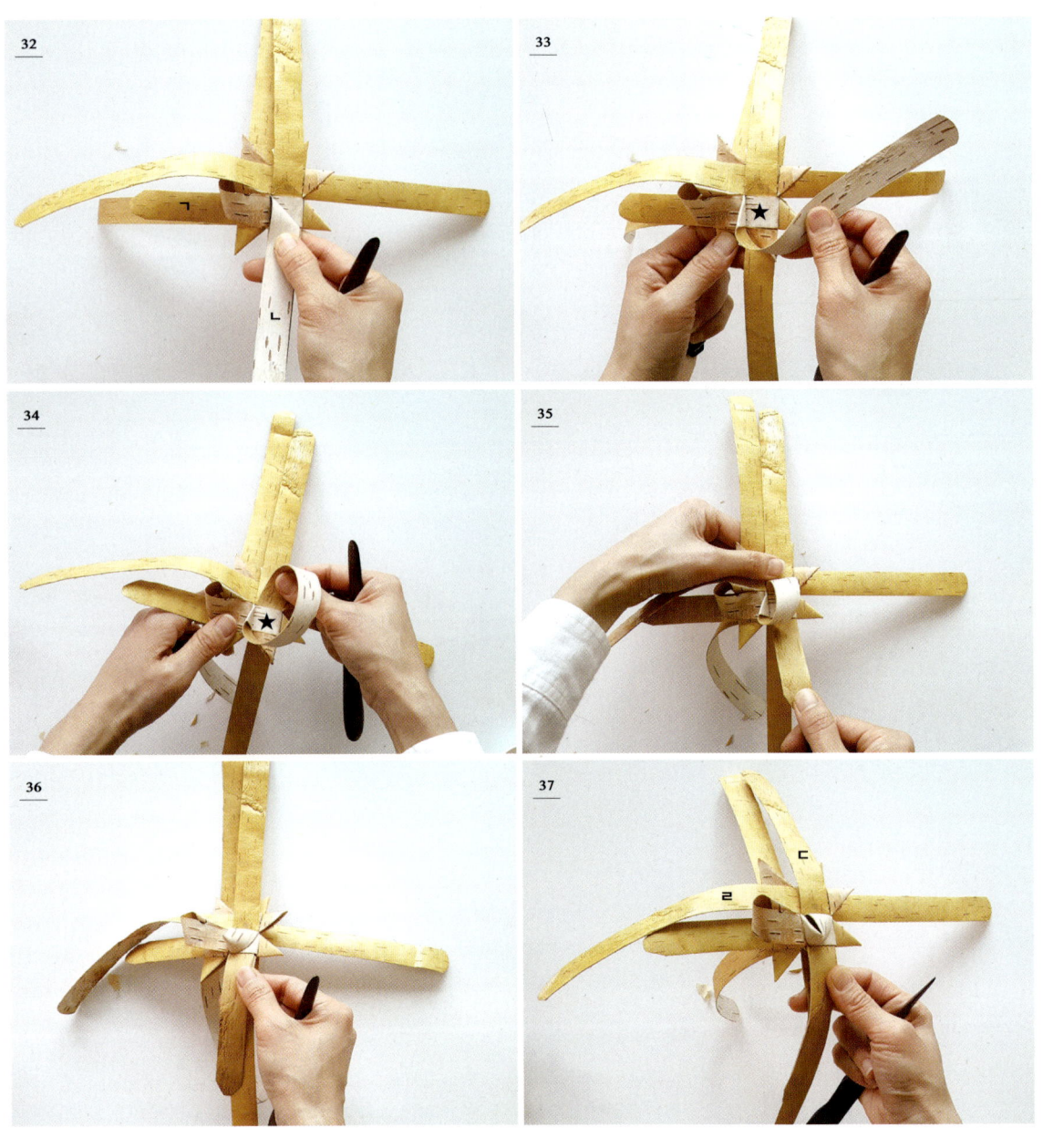

오너먼트 별

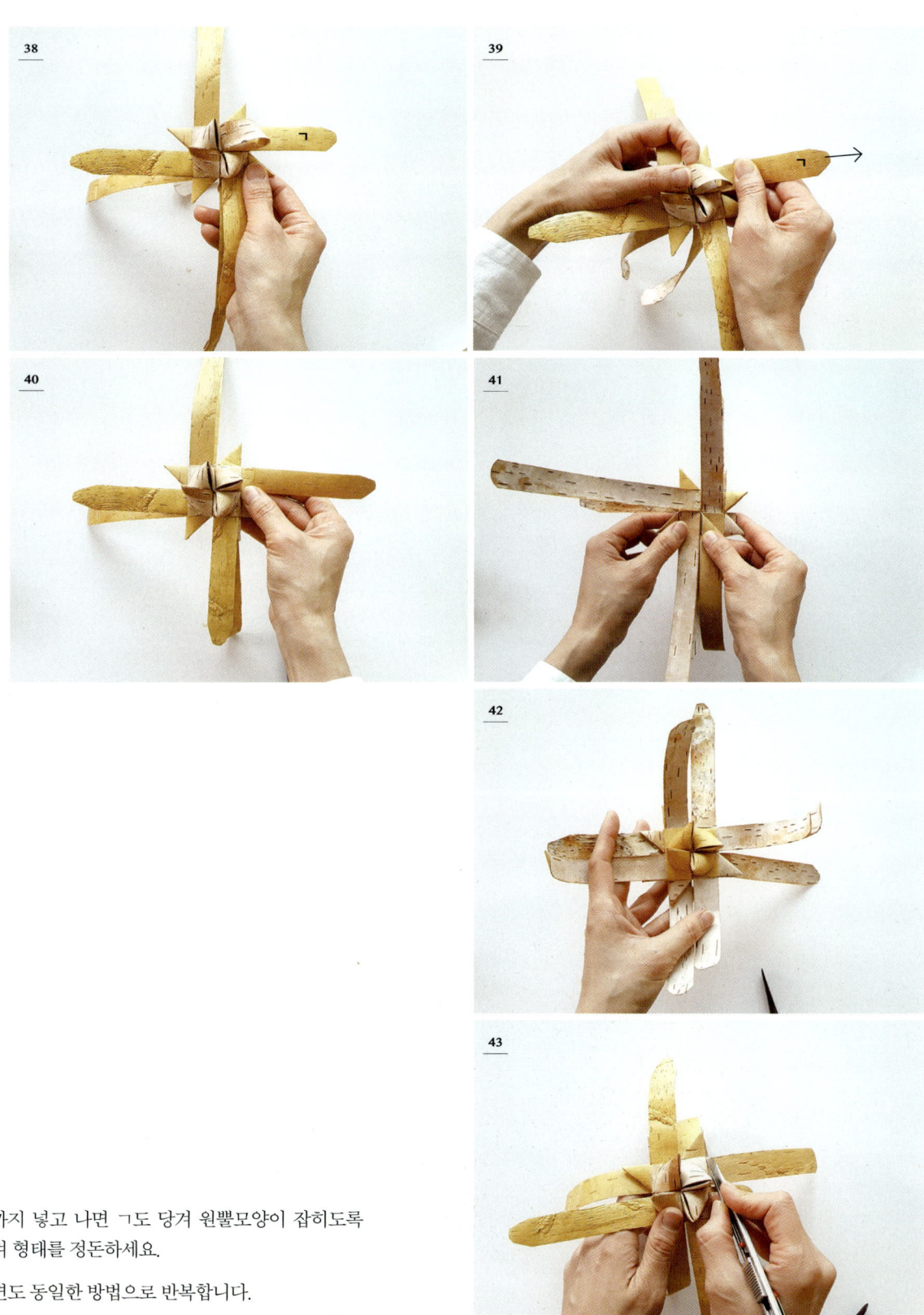

38~40 ㄹ까지 넣고 나면 ㄱ도 당겨 원뿔모양이 잡히도록
당겨 형태를 정돈하세요.

41~42 뒷면도 동일한 방법으로 반복합니다.

43 남는 부분은 커터칼로 잘라서 마무리합니다.

Tea Coaster

티 코스터
Tea Coaster

만들기 사이즈(칸 수 기준) : 8×8
네베르폭 : 10mm
재료 소요량 : 약 9줄

01 20mm 폭의 네베르 2조각을 준비합니다 (자투리를 사용해도 돼요).

02~03 짧은 띠는 사진처럼 20mm 네베르에 한 바퀴 반을 감고 자릅니다.

04~06 긴 띠는 사진처럼 20mm 네베르에 한 바퀴 반을 감은 후, 20mm 네베르 1줄을 덧대어 점선 표시한 곳에서 자릅니다.

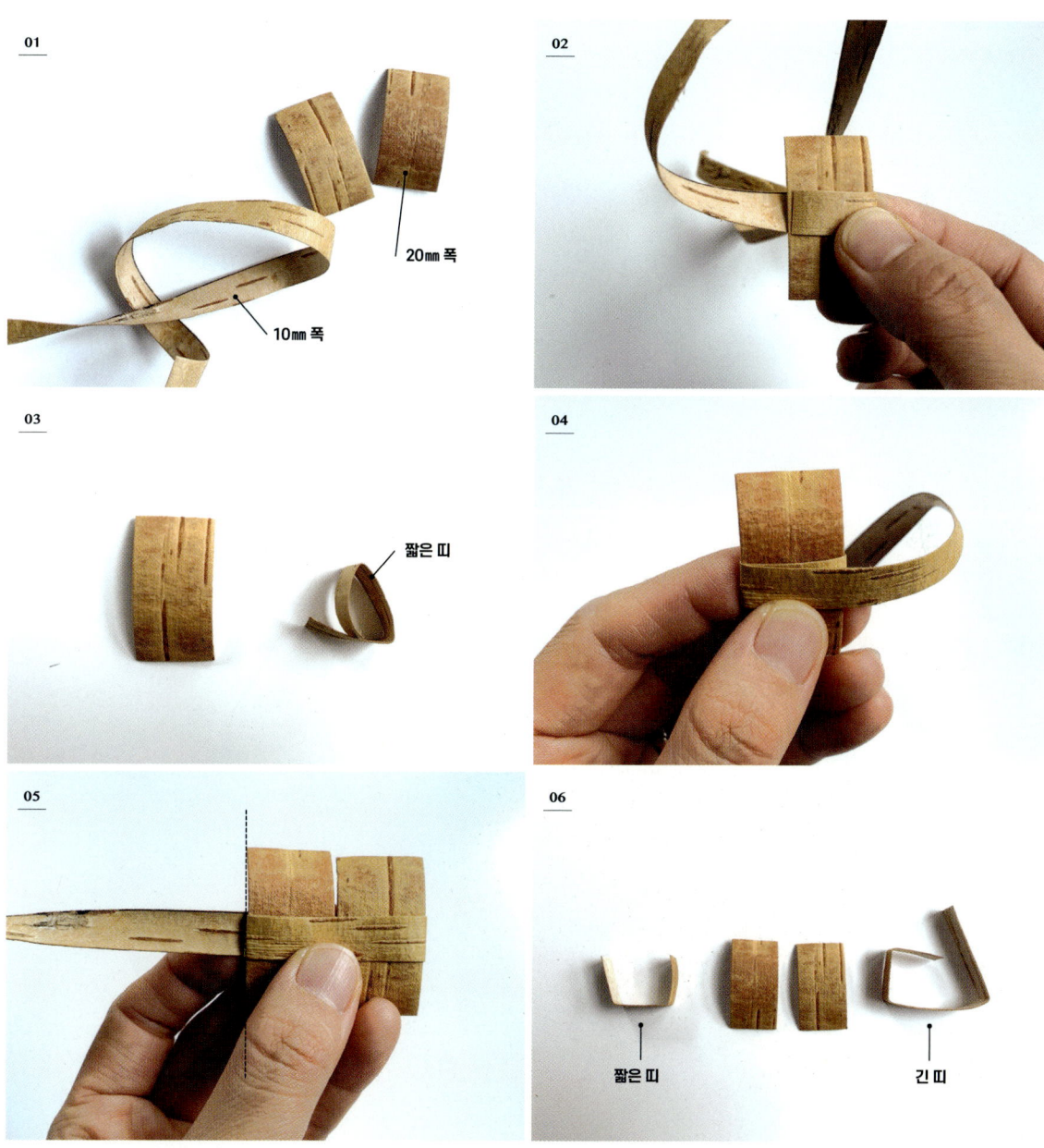

07~08 티코스터 1부분을 만듭니다. 짧은 띠 2줄, 긴 띠 2줄이 필요합니다. 긴 띠가 사진처럼 짧은 띠를 물도록 겹치세요.

09~10 긴 띠 C가 B를 물고 겹치게 합니다.

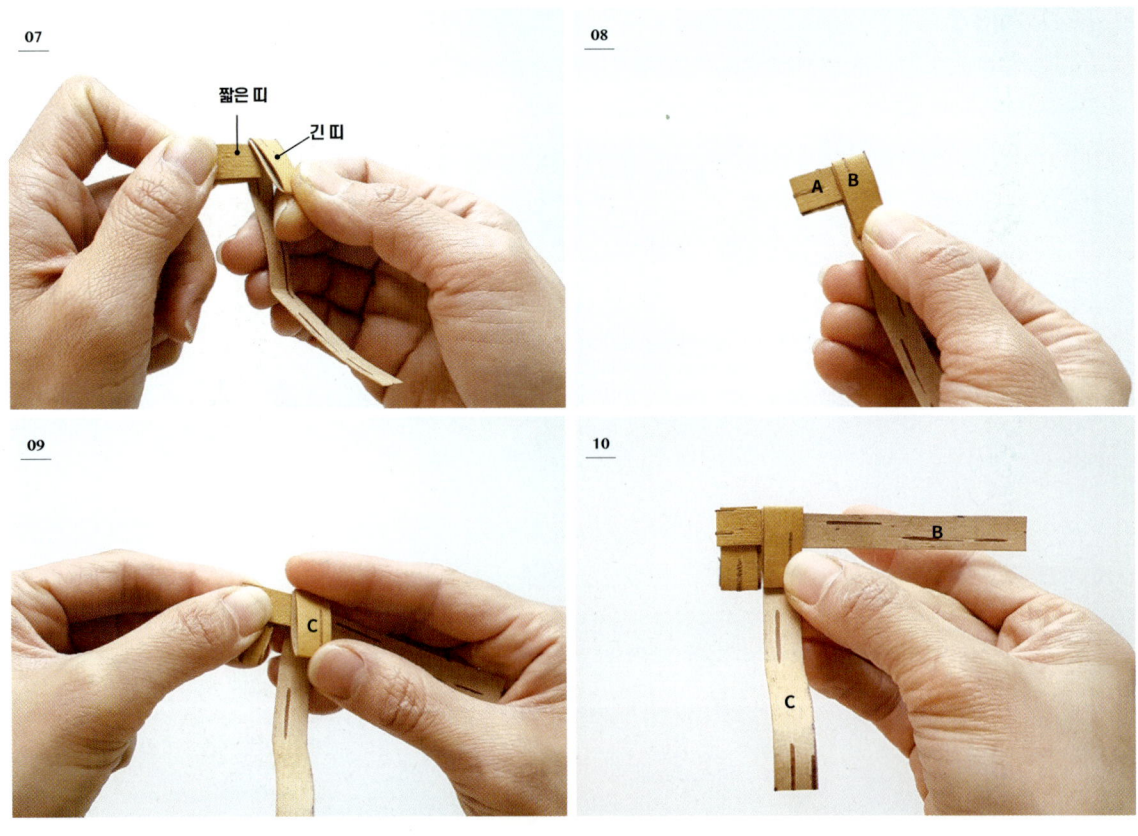

티 코스터

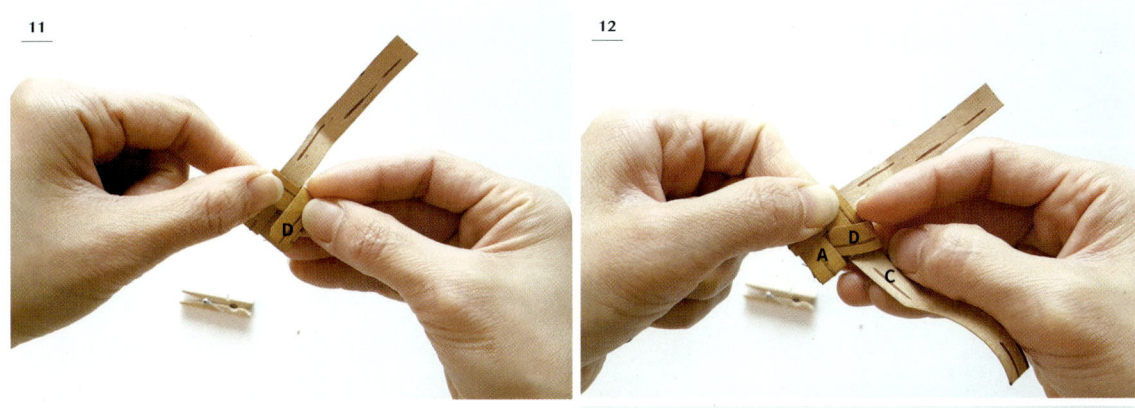

11~12 짧은 띠 D가 C를 물고 A에 끼웁니다.

13 전체 티 코스터 중에 1부분이 완성되었습니다.

14~15 티코스터의 2부분을 만듭니다. 긴 띠 2줄, 짧은 띠 1줄이 필요해요. B의 꼬리부분을 짧은 띠가 사진과 같은 방향으로 물립니다.

16~17 E는 긴 띠 F에 물리도록 합니다.

18 만드는 사이 패턴이 풀리지 않도록 먼저 만든 패턴은 작은 집게로 집어둡니다.

19 F는 긴 띠 G에 물리도록 합니다.

20~22 티코스터 1부분의 B가 G를 감고 ★과 ♥ 아래를 통과합니다.

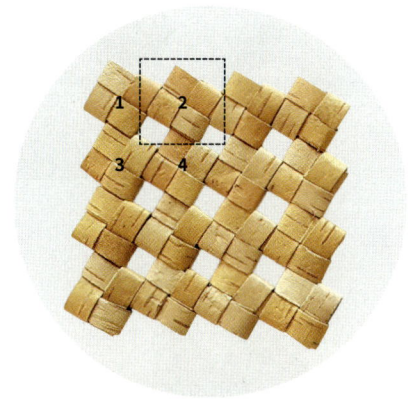

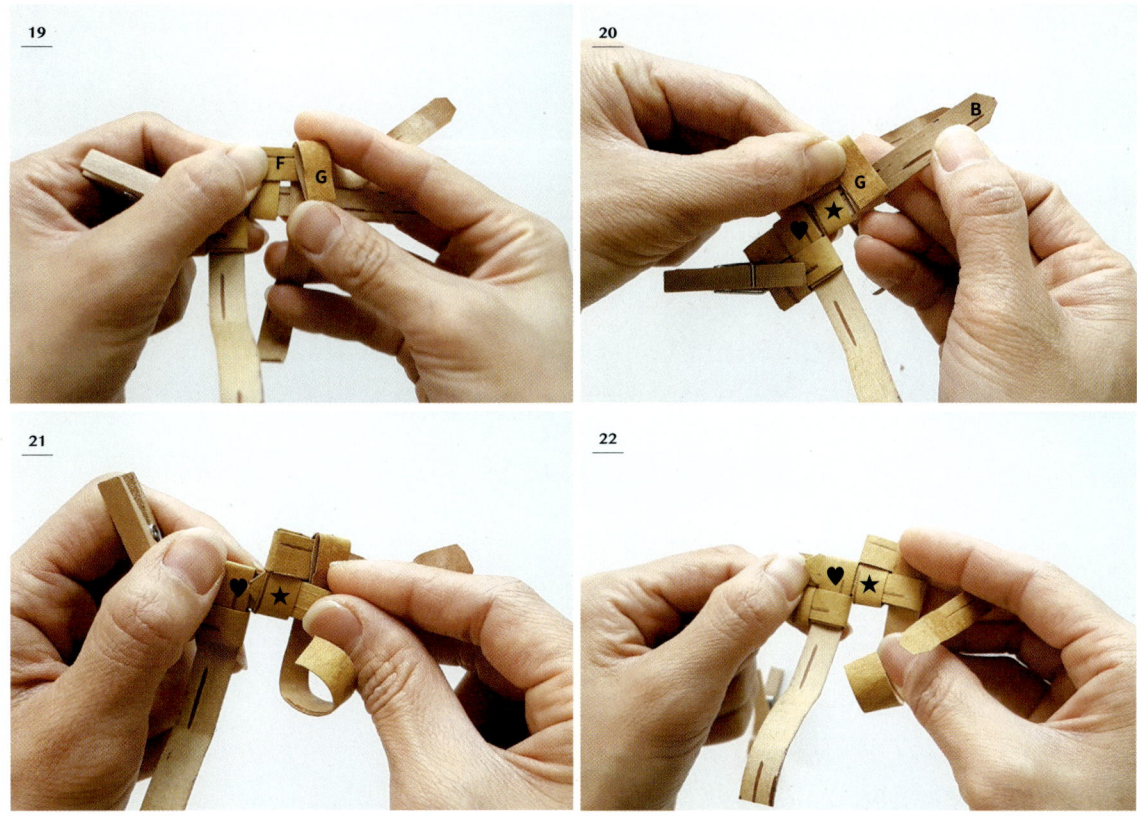

23 티코스터의 1, 2부분이 완성된 모습이에요.

24~25 티코스터 3부분을 만듭니다. 긴 띠 2줄, 짧은 띠 1줄이 필요해요. 같은 방법으로 반복합니다.

티 코스터

26 C에 긴 띠 H를 감고, H에는 긴 띠 I를 감습니다.

27 I를 짧은 띠 J가 감고, 그 J를 C가 감아서 ★두 칸 아래에 끼웁니다.

28 4부분을 만듭니다. 긴 띠 2줄이 필요해요. G에 새로운 긴 띠 K를 감습니다.

29 K에 새로운 긴 띠 L을 감습니다.

30 G, L을 한 칸씩 넘어 H를 ★에 끼웁니다.

31 G 역시 ♥ 아래를 통과합니다.

32 여기까지 완성한 모습입니다.

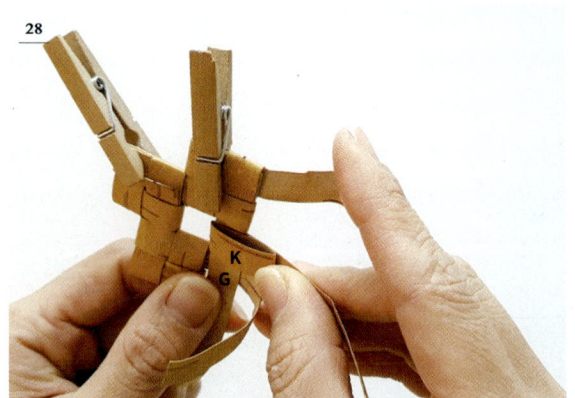

티 코스터

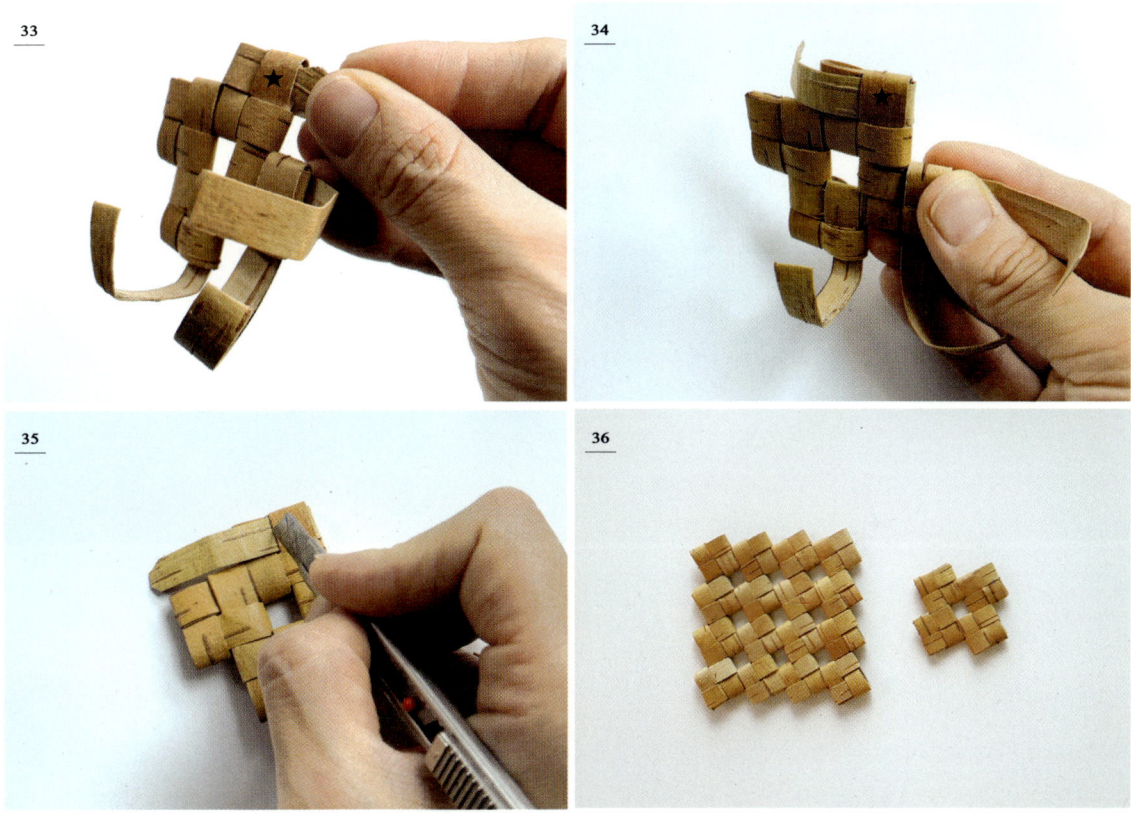

33~34 마무리할 때 남은 부분은 ★ 아래에 끼워넣습니다.
35 길게 남은 네베르는 잘라냅니다.
36 이런 방법으로 원하는 크기만큼 만들면 됩니다.

Tray Hanger

트레이 행거
Tray Hanger

네베르폭 : 10mm
재료 소요량 : 약 30줄

01 네베르 4줄을 준비하고 마름모꼴로 엮어놓습니다.

02~03 A를 화살표 방향으로 접어 D의 위를 지나도록 합니다.

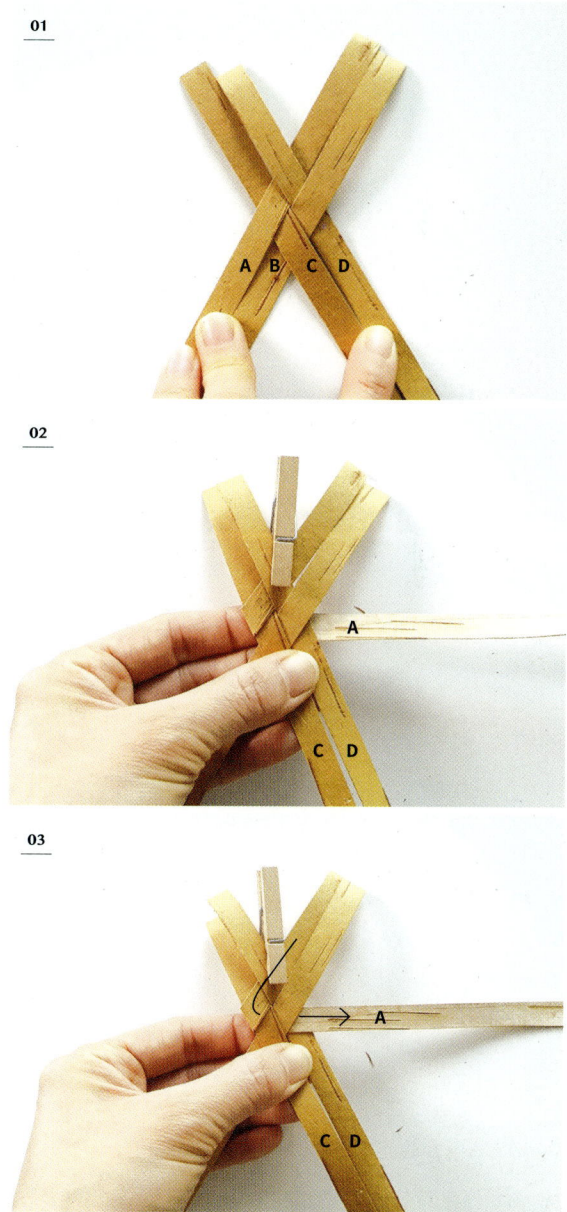

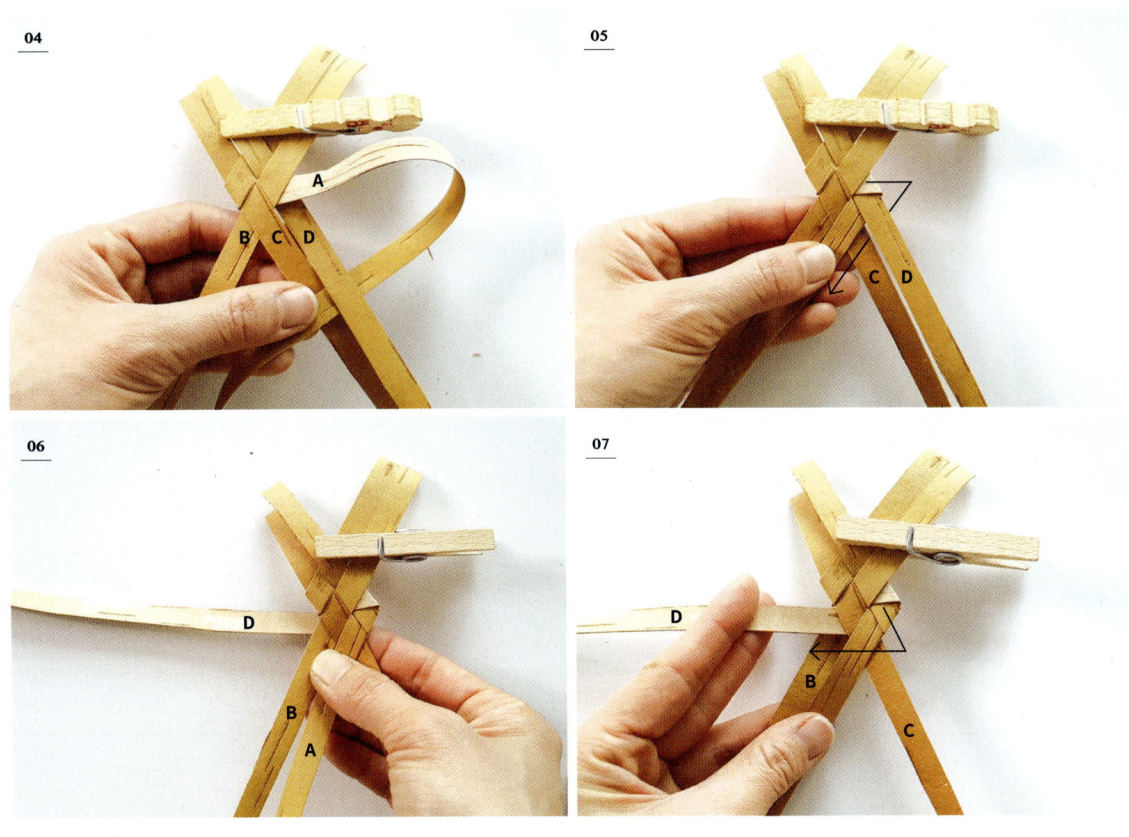

04~05 A가 D를 감고, C 위로 나옵니다.

06~07 D를 화살표 방향으로 접고 B의 위로 나오게 합니다.

08~09 그대로 D를 접어 B를 감고 A위로 나옵니다.

10 패턴 1회가 완성되었어요.

11 다시 4줄을 순서대로 A, B, C, D라 하겠습니다.

12~16 앞에서 만든 패턴을 반복합니다.

트레이 행거

14

15

16

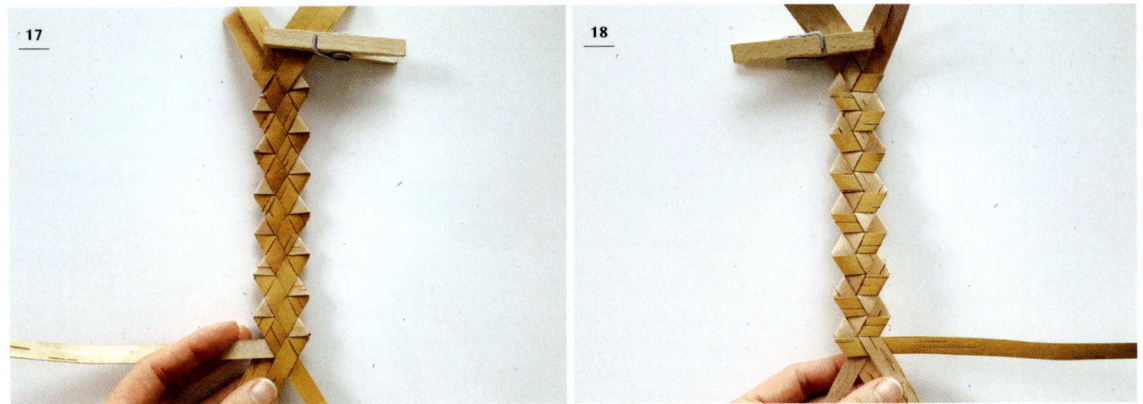

17 원하는 길이만큼 반복합니다.

18 짜임을 뒤집었을 때 모습입니다.

19 패턴을 길게 반복하기 위해서는 한정된 네베르 길이 때문에 덧잇기가 필요합니다. 덧잇기를 할 때는 사선으로 잘라서 ★ 아래에 딱 맞게 끼워넣습니다.

20 마지막 마무리를 합니다.

21 뒤집은 모습입니다.

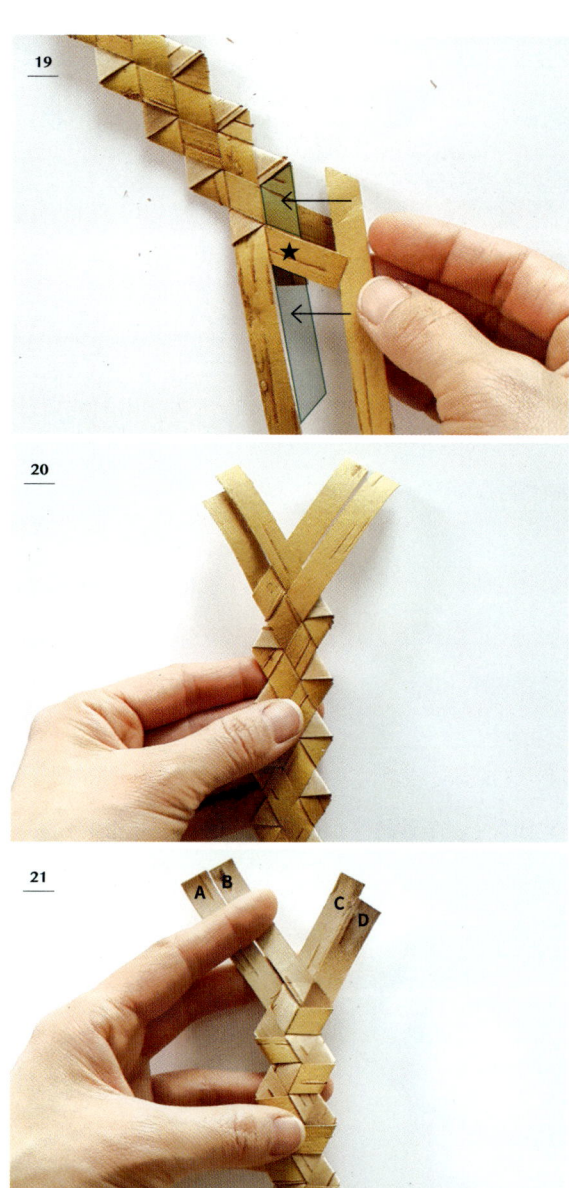

22~24 각각의 네베르를 먼저 접힐 길이만큼 확인하고 자릅니다.

25 끝을 딱 맞게 자른 모습입니다.

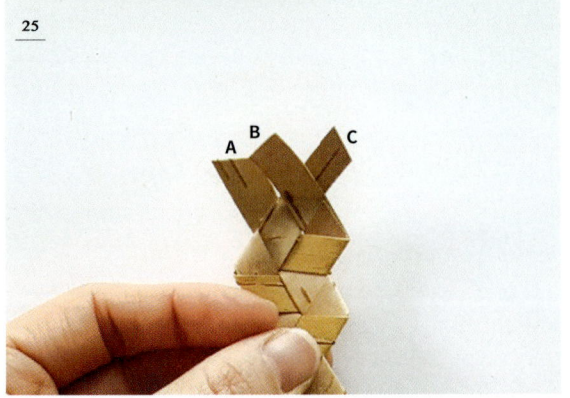

트레이 행거

26~27 먼저 D를 접고, A를 접고, B를 접어 ★에 끼우고 마지막으로 C를 접어 ★에 끼웁니다.

28~29 완성한 모습입니다.

• Wallet

카드지갑
Wallet

만들기 사이즈(칸 수 기준) : 5×3,
　　　　　　　　　덮개 부분 : 2.5

네베르폭 : 15mm

재료 소요량 : 약 15줄

01 네베르를 가로×세로 5줄씩 격자로 짭니다. 네베르의 격자 모양이, 서로 수평과 수직을 이루는 것에 주의합니다. 짜임의 네 모서리는 짜임이 풀리지 않도록 집게로 고정하세요.

02 대각선 방향으로 돌려 모서리 쪽 네베르를 접어 3칸 정도 격자 짜기를 합니다.

03 집게로 집어 고정해둡니다.

04~05 위쪽도 같은 방법으로 접습니다.

06 만든 모서리 두 개가 좌우로 오도록 방향을 바꾸세요.

07~08 그 상태에서 반을 접어 올리듯 양끝부분을 손으로 누릅니다.

09 사진과 같은 형태가 나오도록 모양을 확인합니다.

카드지갑

10~11 느슨한 네베르를 당기고 모양이 휘어지지 않고 직각을 유지하도록 한 번 정돈합니다.

12~15 정면을 기준으로 오른쪽 옆면부터 시작합니다. 모서리 기준으로 세 번째 칸 높이에서 A, B를 접고 B를 ★에 꽂습니다.

16~17 정면을 향하게 하여, 앞에서 접은 A, B보다 반 칸 낮은 높이가 되도록 45도 접기로 접습니다.

18~20 두 칸 반복해요.

카드지갑

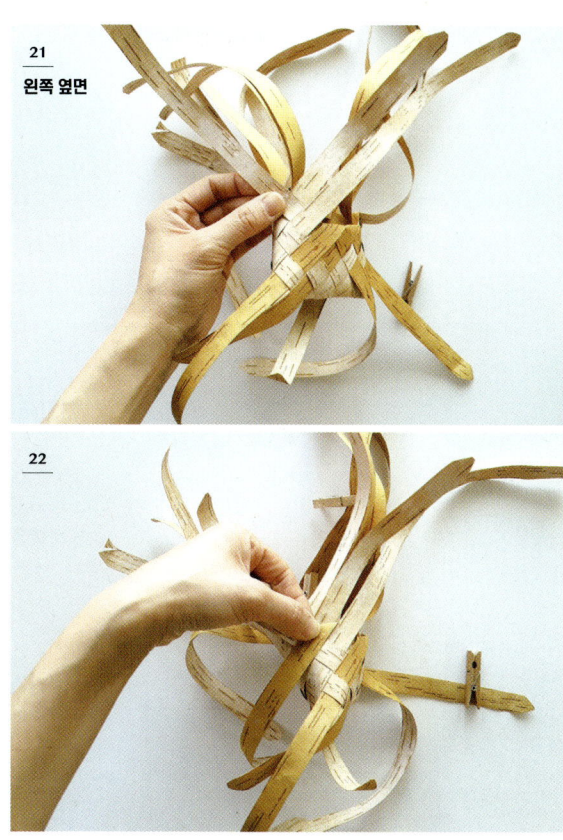

21~22 왼쪽 옆면은 다시 반 칸 높여 같은 방법으로 45도 접기로 접습니다.

23~25 사진에 색깔로 표시된 길이만큼 심지를 넣습니다.

26 A를 접어 ★ 아래를 지나도록 통과시킵니다.

27~29 반대쪽도 같은 방법으로 사선면에 심지를 넣습니다.

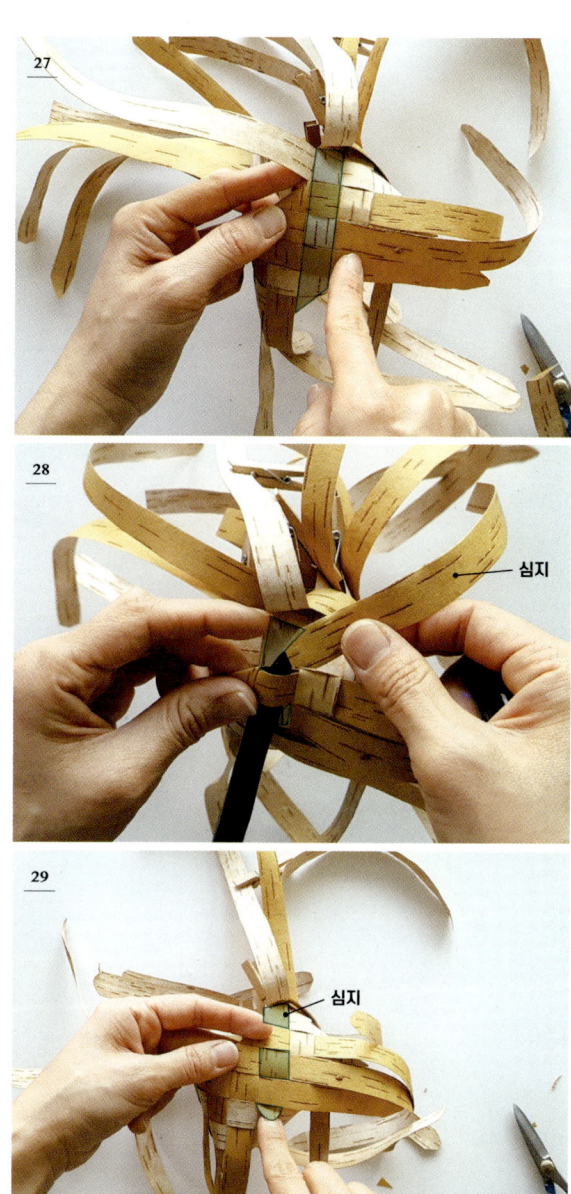

30~31 사선면의 B를 꽂아줍니다.

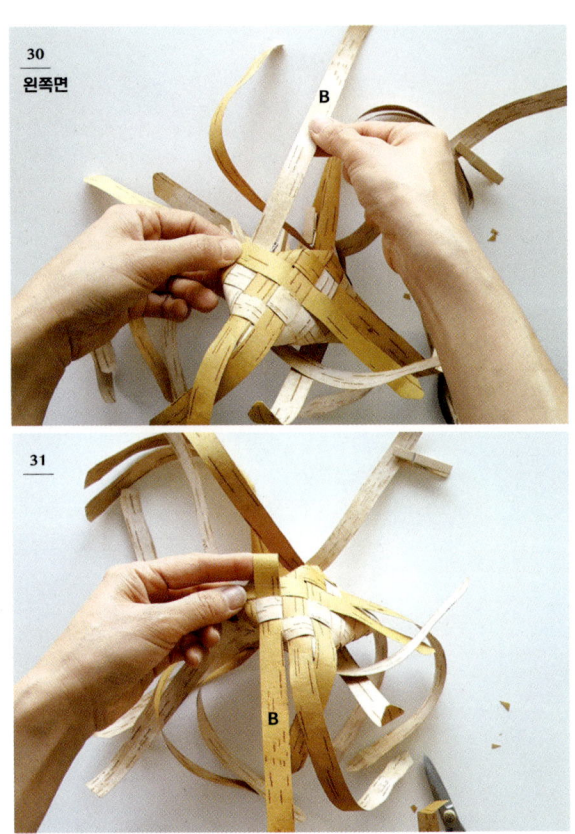

32~34 사선면의 D를 꽂아줍니다.

35 C는 ★ 아래를 통과합니다.

36 앞면 정리 후 정면에서 본 모습입니다.

37 뒷모습입니다.

38 뒷모습이 사진과 같은 모습이 되도록 격자무늬를 짭니다.

39 다시 정면을 보도록 뒤집은 후 양쪽에 새 네베르를 1줄씩 새로 끼웁니다.

40 뒤집어서 사진에 표시된 길이만큼 심지를 준비합니다.

41~43 테두리를 결대로 접어 끼워 심지를 고정해줍니다.

44 여기까지 앞에서 본 모습입니다.

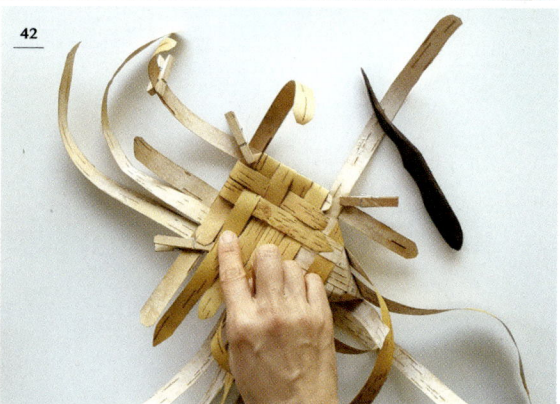

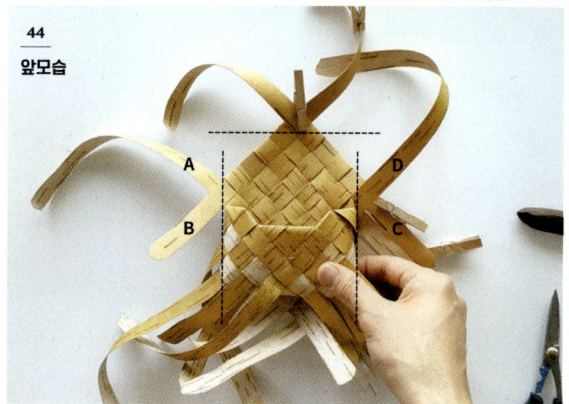

45 A를 45도 접어 위로 꽂고, B도 45도 접어 아래로 꽂습니다.

46 먼저 옆선부터 정리합니다.

47~48 반대쪽도 같은 방법으로 정리합니다.

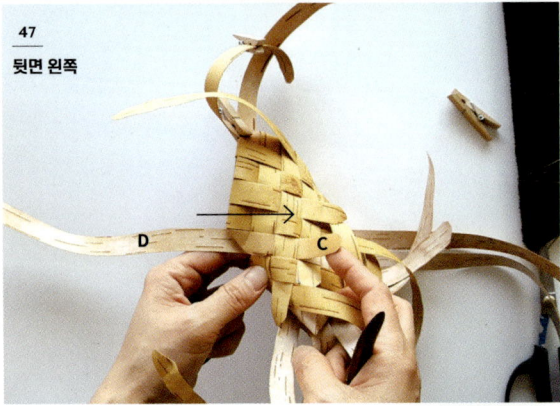

카드지갑

49~50 D는 사진의 위치에서 자르고 옆선은 사선으로 정리합니다.
51~52 A도 사진의 위치에서 자르고 사선으로 정리합니다.

53 색깔로 표시된 부분만큼 심지를 넣되, ★아래로 끼웁니다.

54 여기까지 진행했을 때, 정면 모습입니다.

55~56 E, F를 45도로 접습니다.

57 각 방향으로 네베르를 마저 끼워 완성합니다.

카드지갑

58~60 완성된 모습입니다.

커피 필터 케이스
Coffee Filter Case

만들기 사이즈(칸 수 기준) : 6×6×1
네베르폭 : 20mm
재료 소요량 : 약 18줄

01 네베르를 가로×세로 6줄씩 격자로 짭니다. 네베르의 격자 모양이, 서로 수평과 수직을 이루는 것에 주의합니다. 짜임의 네 모서리는 풀리지 않도록 집게로 고정합니다.

02~03 A를 접고 왼쪽의 1~6을 접어 접선을 만들어줍니다.

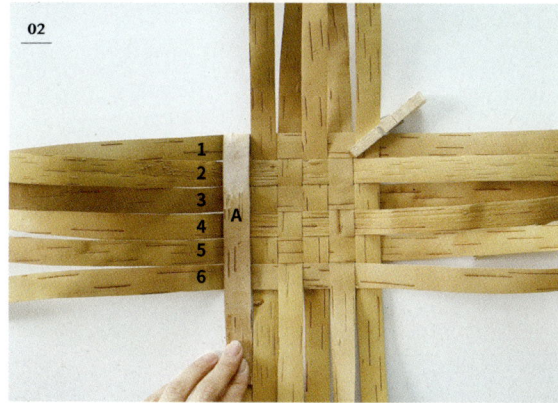

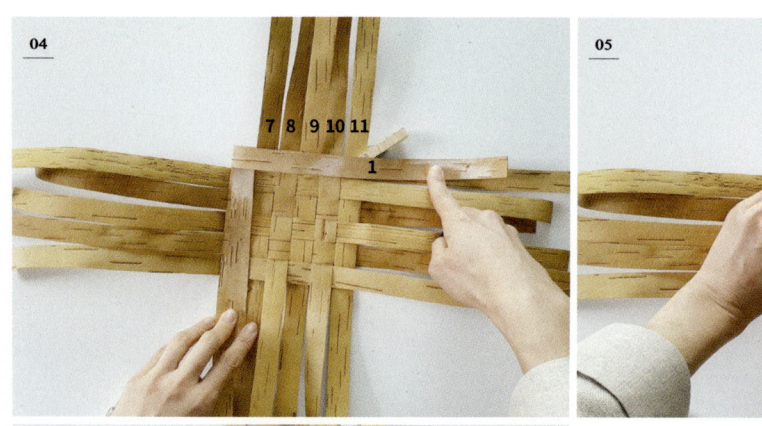

04~05 1을 접고 7~11을 접습니다.

06 직각으로 올라갈 수 있도록하는 준비 과정입니다.

07 새 네베르를 반으로 접어 모서리에 교차로 끼웁니다.
08~10 양쪽을 접어 앞면을 격자짜기 합니다.

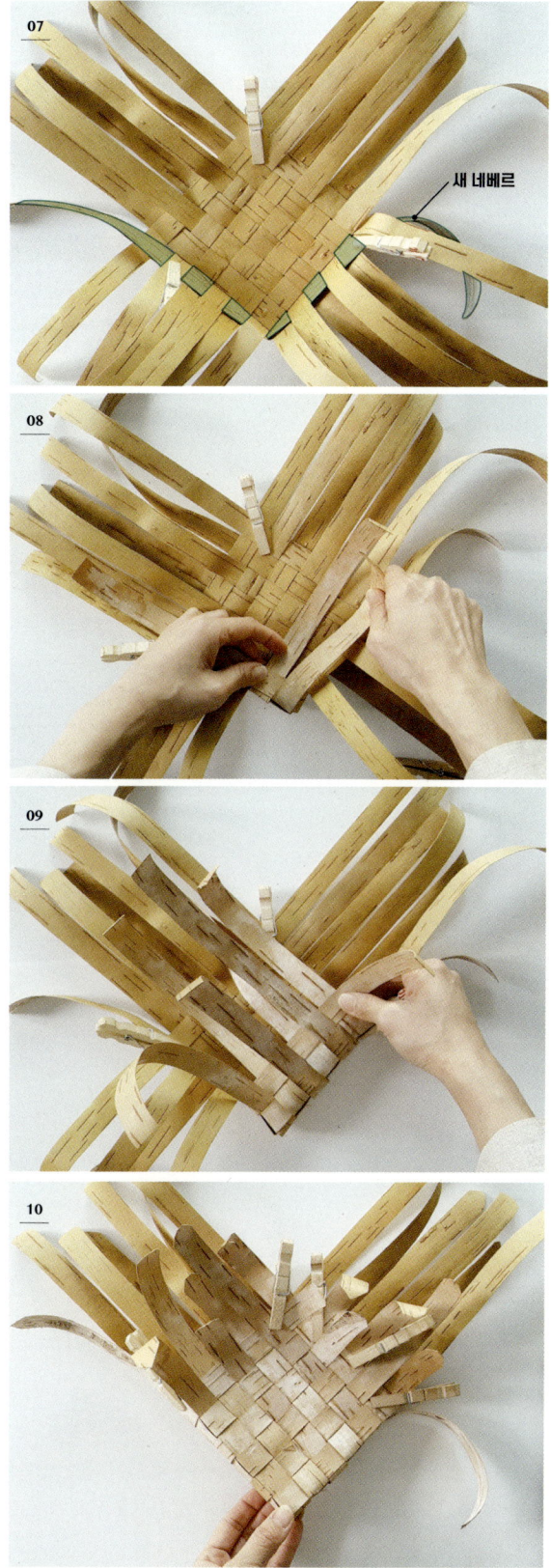

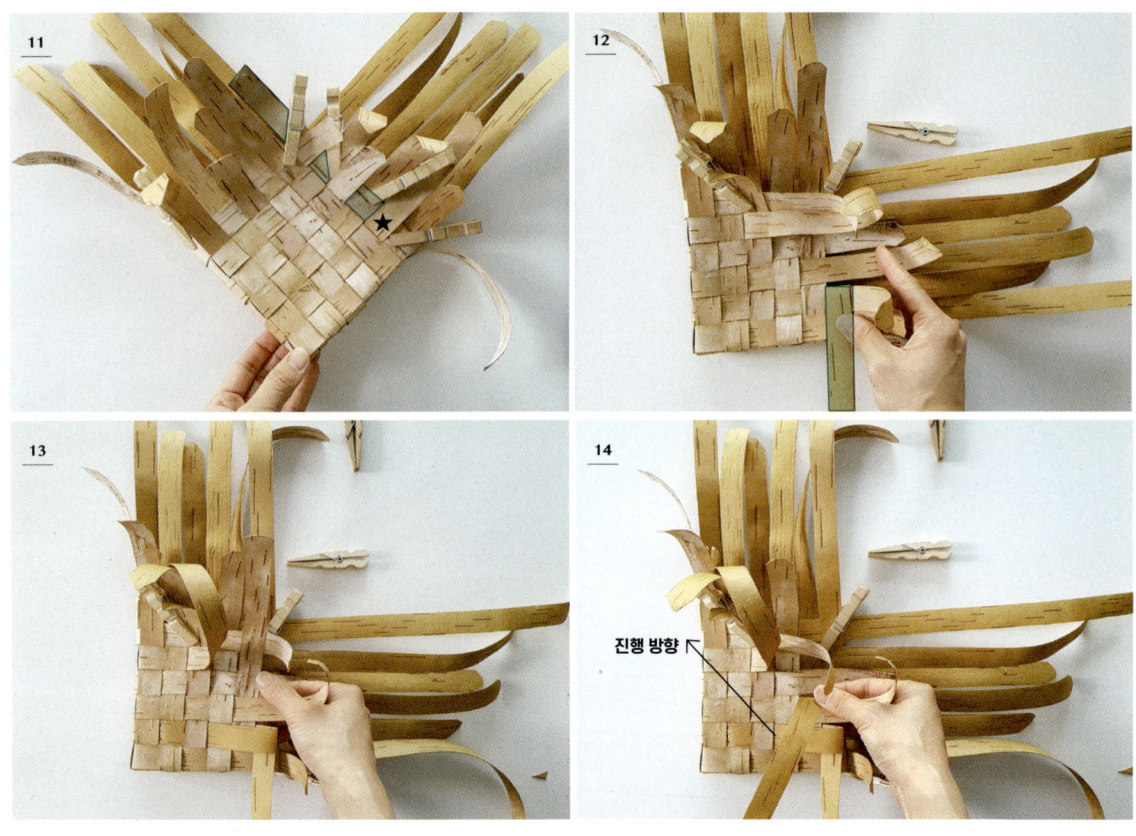

11~12 앞면을 지그재그 모양을 만들어 접어가기를 반복합니다. ★ 부분부터
사진처럼 접습니다.

13~14 진행 방향에 따라 접어갑니다.

커피 필터 케이스

15~18 5칸을 접은 후, 앞면 만들기는 잠시 멈춥니다.

19 뒤집었을 때의 모습입니다. 뒷면에 새 네베르를 덧대어 끼웁니다.

20~23 뒷면 A, B를 순서대로 45도 접습니다.

커피 필터 케이스

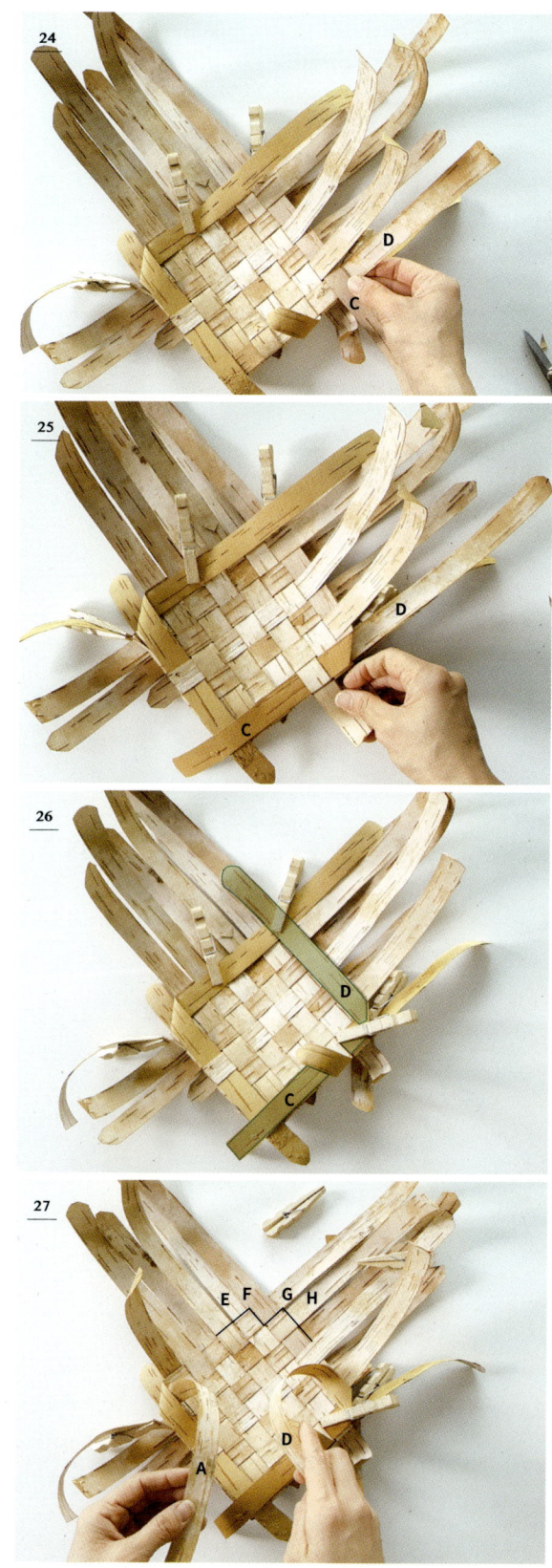

24~26 반대쪽도 C, D도 45도 접어줍니다.

27 손에 잡은 A와 D는 사선면의 겉지 역할을 하므로 그대로 남겨 두세요.

28 M 모양으로 만들어 끈 달 부분을 만듭니다.

29 F를 표시된 점선보다 짧게 사선으로 자릅니다(F가 D의 아래에 놓이고 심지 역할을 합니다).

30 D가 F를 덮게 접습니다.

31~34 사진을 따라 차례대로 접고, D와 격자짜기를 합니다.

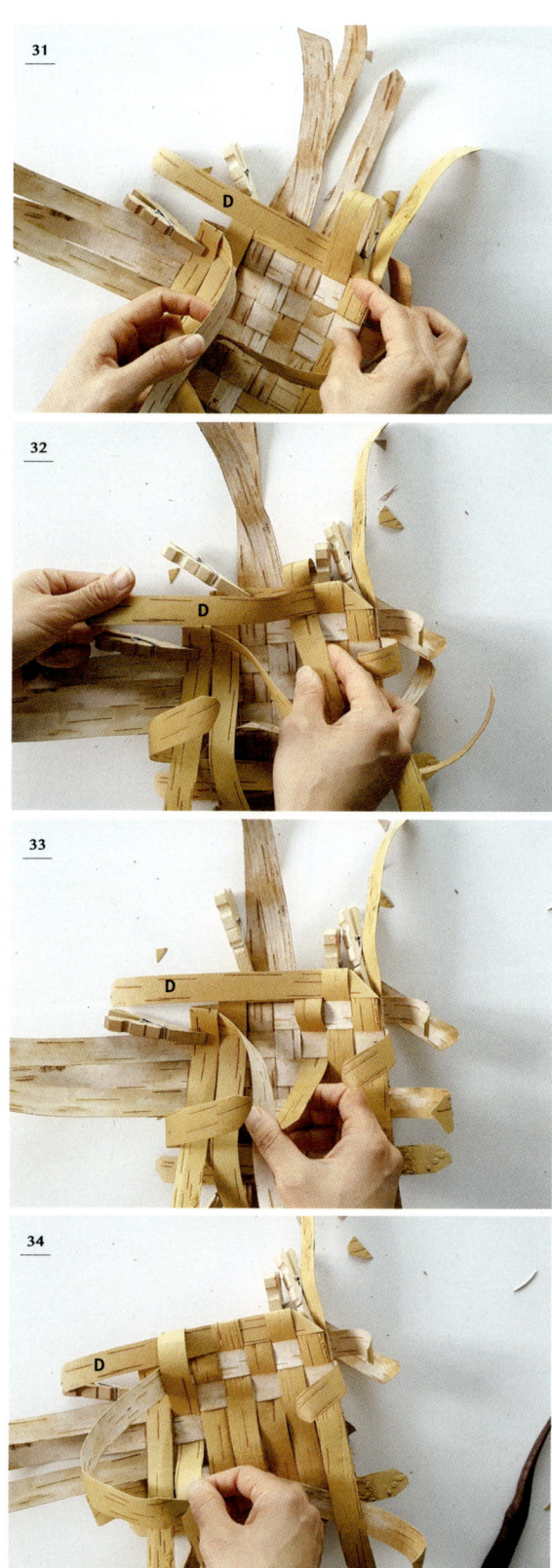

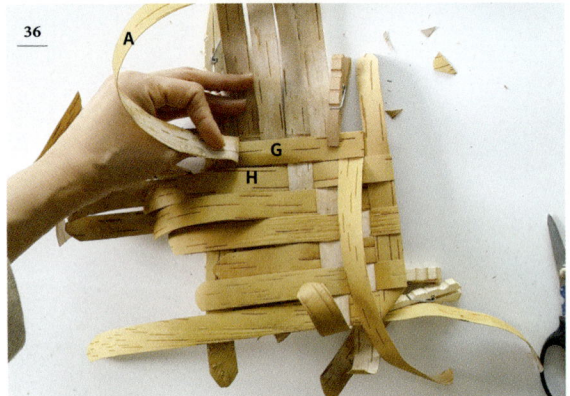

35~37 반대쪽도 같은 방법으로 G를 길이보다 짧게 사선으로 자르고 A가 위로 겹치도록 합니다.

38 시야를 확보하기 위해 오른쪽 네베르들을 꽂아 보기 편한 상태로 정돈합니다.

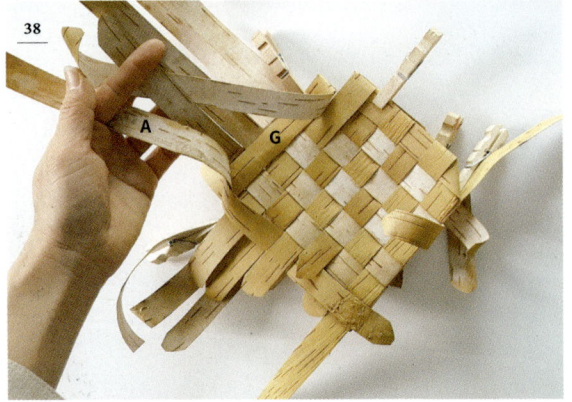

커피 필터 케이스

39~41 사진을 따라 A와 격자짜기 합니다.

42 여기까지 정리를 마치면 옆면 먼저 마무리합니다.

43~44 사진에 색깔 표시된 부분부터 뒷면 한 칸 길이까지 겉지 안에 심지가 필요합니다.

45 심지를 넣은 후 나머지 네베르들을 꽂아 옆면을 마무리합니다.

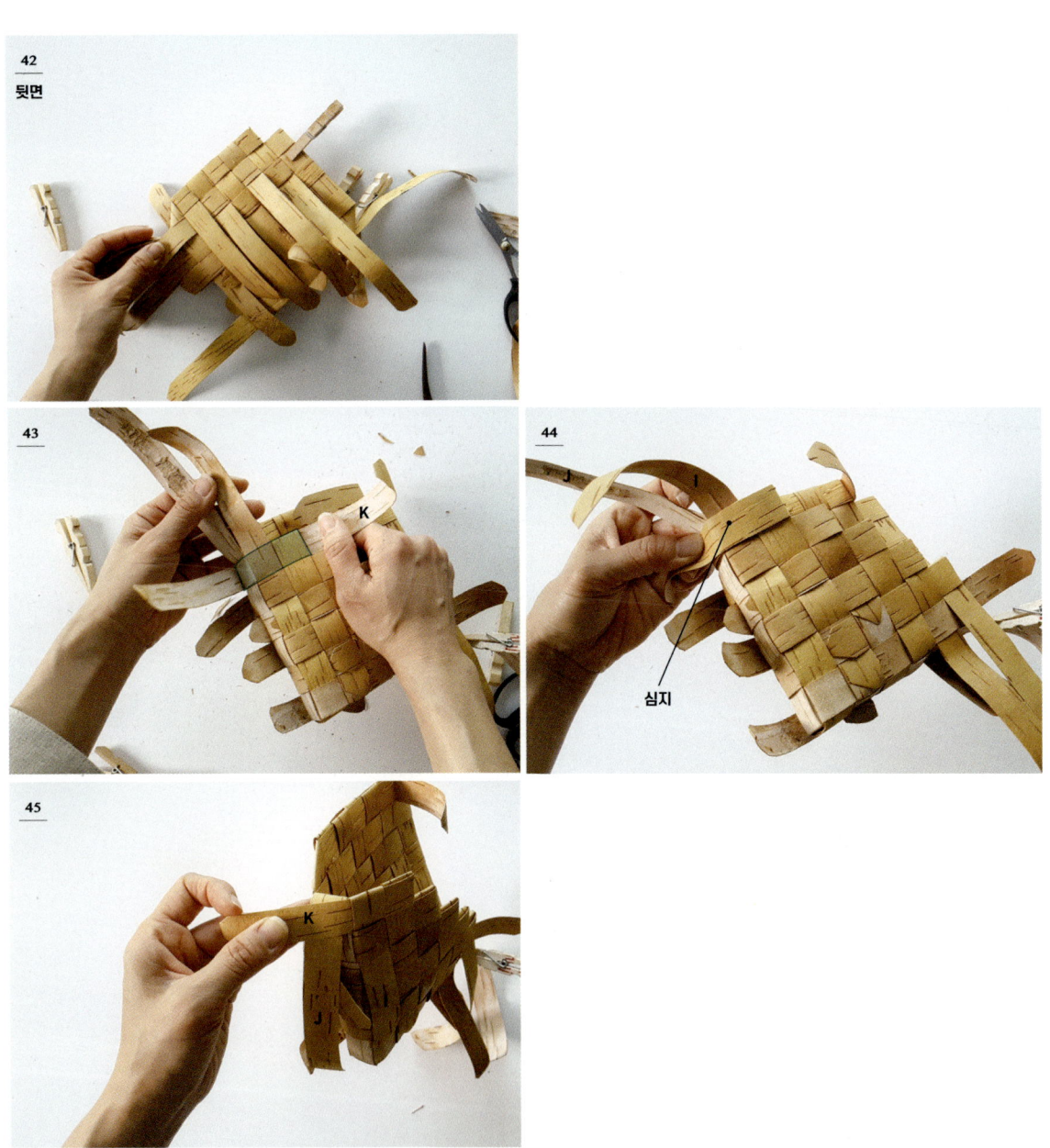

46 완성된 모습입니다.

Appendix

나만의
감성
플러스

Näverslöjd

바구니 꾸미기 패턴 ❶
Basket Deco Pattern ❶

네베르폭 : 바구니의 네베르폭 기준으로 폭이 1/2 네베르 사용

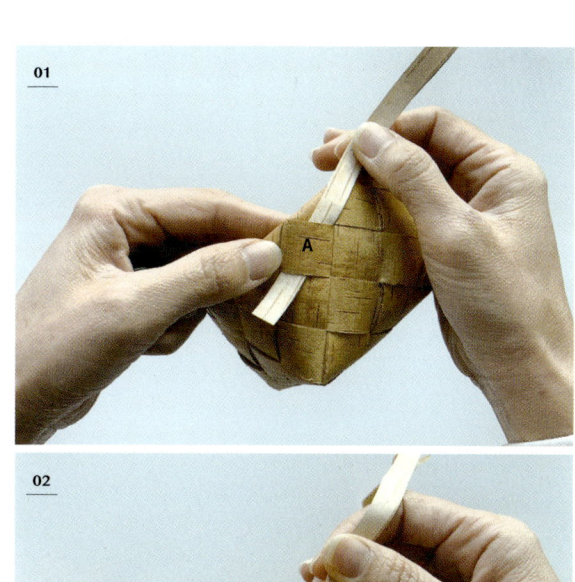

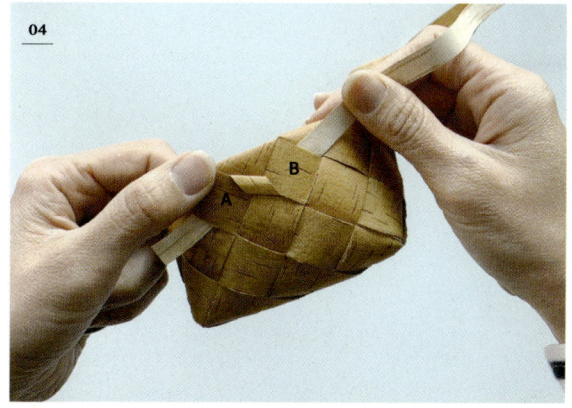

01 꾸미기할 바구니와 절반 폭의 네베르를 사진과 같이 꽂아요.

02~04 A로 나온 네베르를 B에 통과시키고 마름모 모양이 나오도록 천천히 당깁니다.

05~07 패턴을 반복합니다.

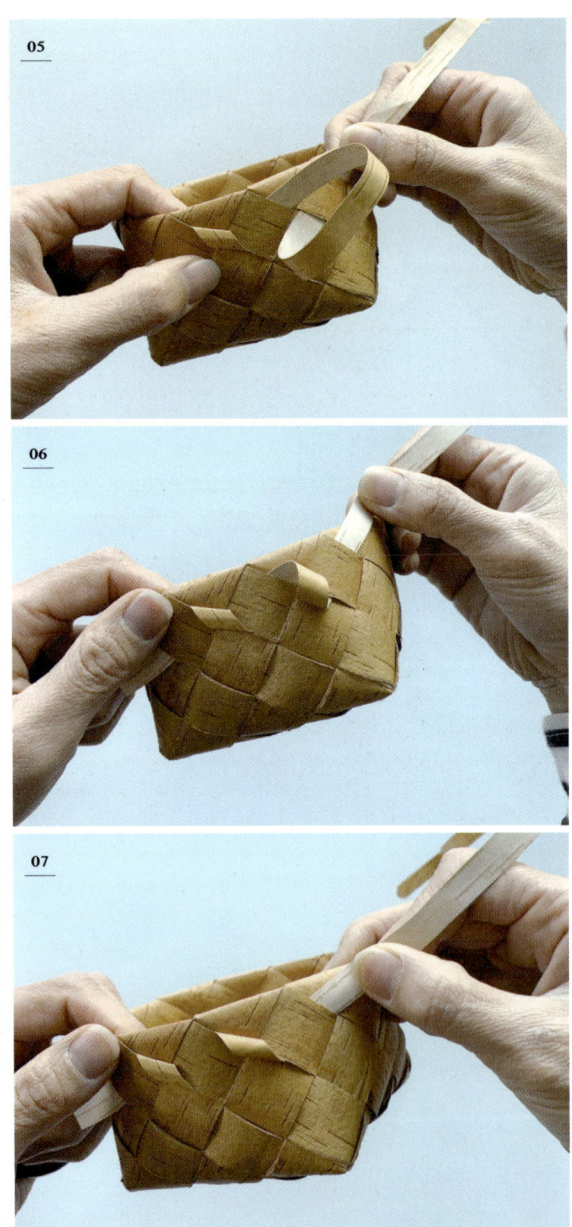

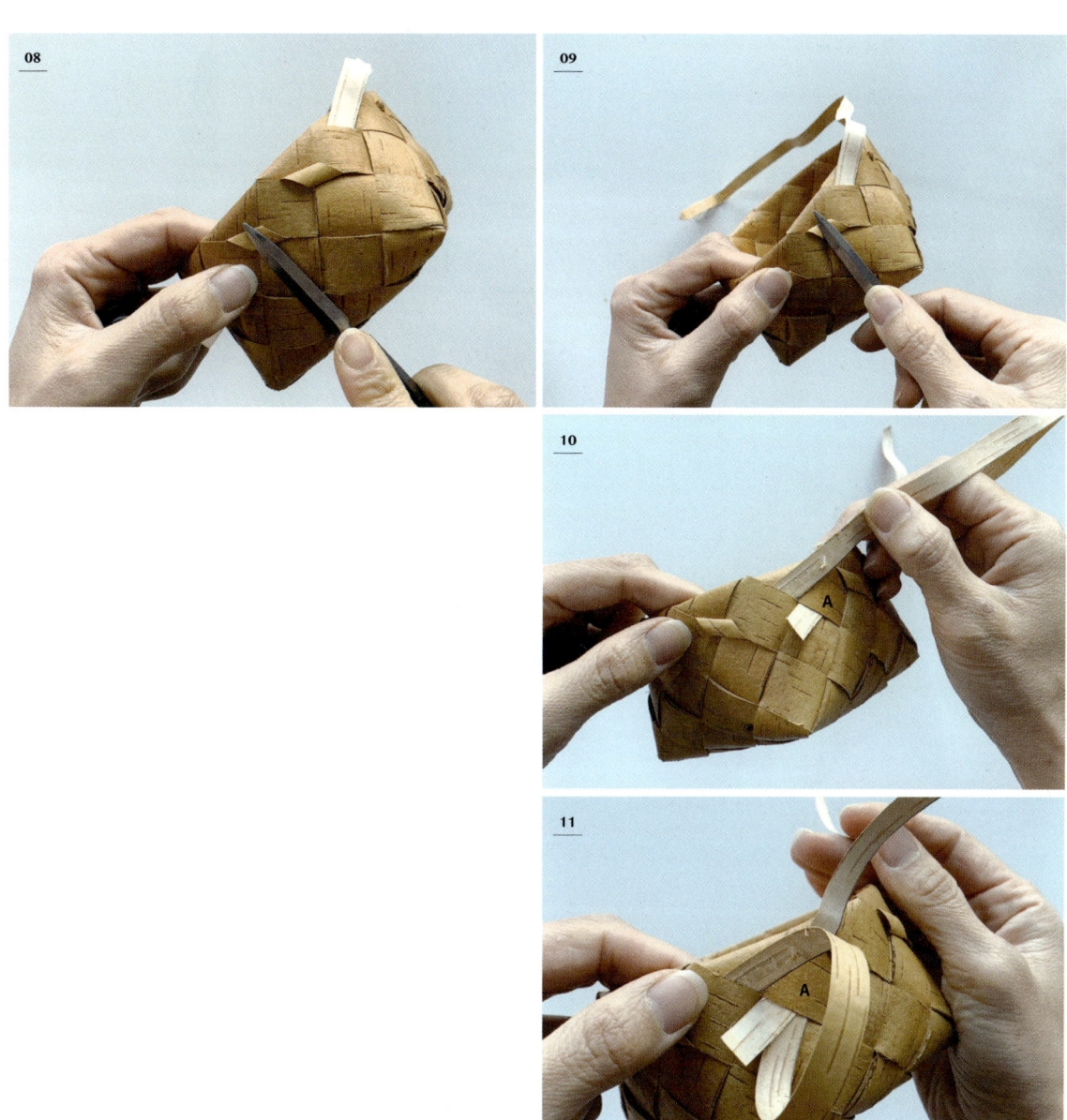

08~09 둥글게 말린 마름모무늬를 주걱으로 눌러 납작하게 바구니에 밀착시킵니다.

10 한 바퀴를 돌아온 모습입니다.

11 A에 먼저 통과한 네베르 아래로 꽂습니다.

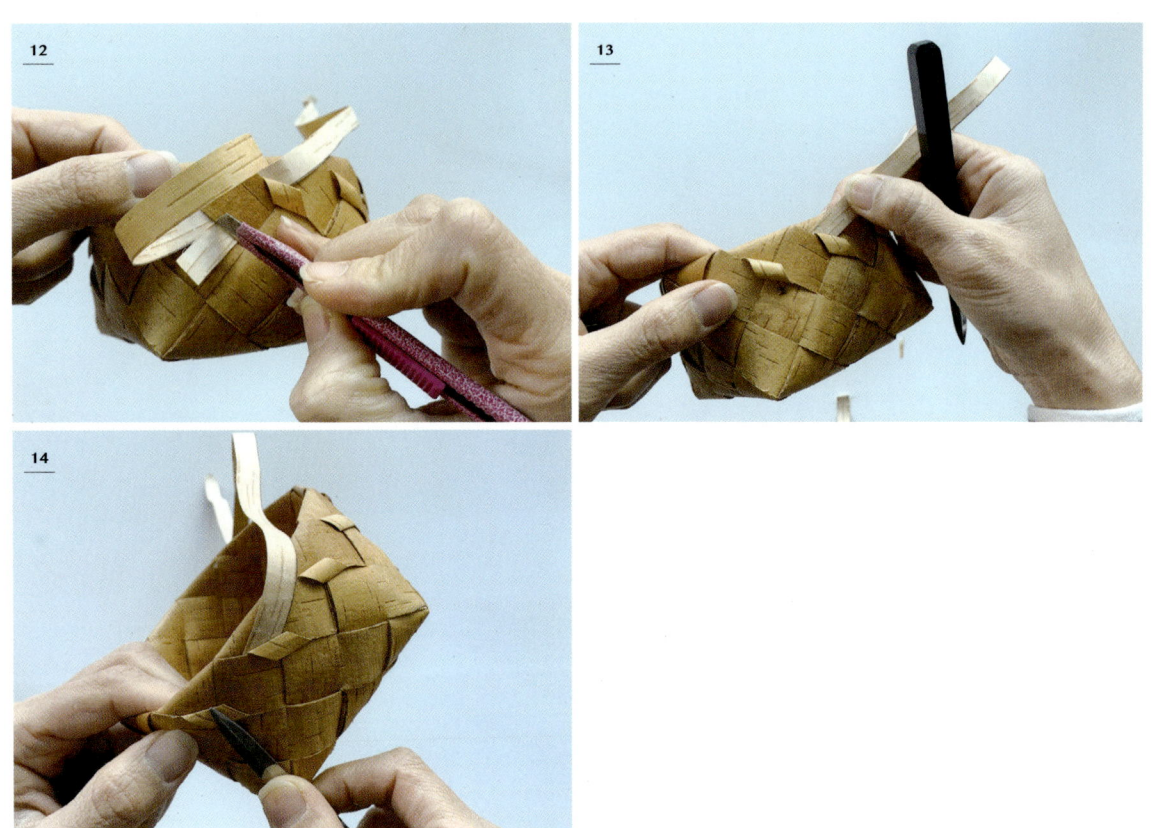

12~13 먼저 통과한 네베르는 아래방향으로 내려 컷트한 뒤 다시 원래 있던 자리로 밀어올려 감추어주고 마무리할 네베르를 당깁니다.

14 마름모 모양을 바구니에 밀착되도록 나무주걱으로 눌러 정돈합니다.

15~16 사진의 위치에서 커터칼로 잘라 정리한 후 아래로 밀어 표시가 나지 않도록 숨겨줍니다.

17~18 완성된 모습입니다.

바구니 꾸미기 패턴 ❷
Basket Deco Pattern ❷

네베르폭 : 바구니의 네베르 폭과 같게 사용

바구니 꾸미기 패턴②

01~07 사진을 따라 네베르 1줄을 끼웁니다.

08~13 두 번째 네베르도 첫 번째 끼운 줄 옆으로 끼웁니다.

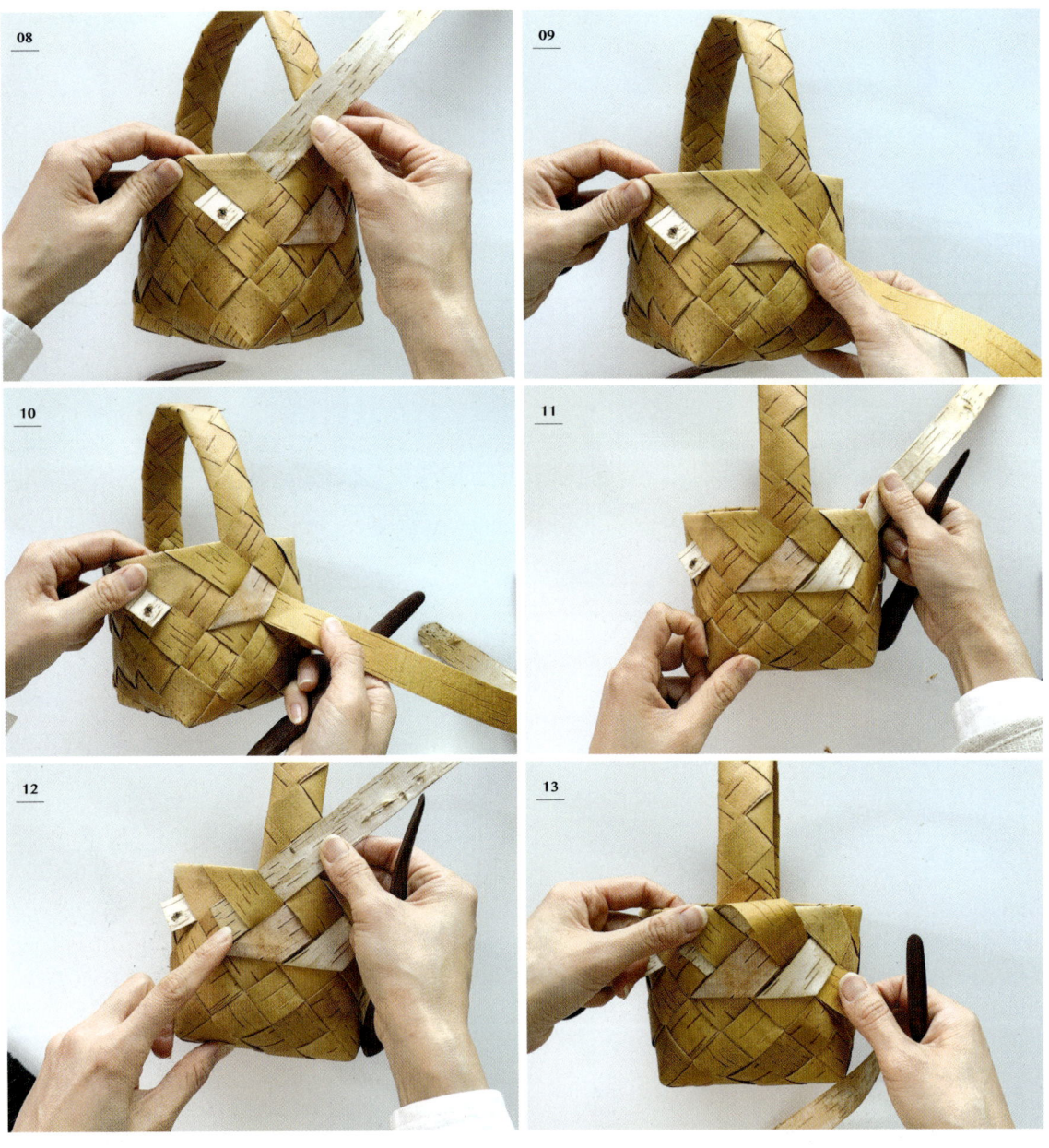

바구니 꾸미기 패턴②

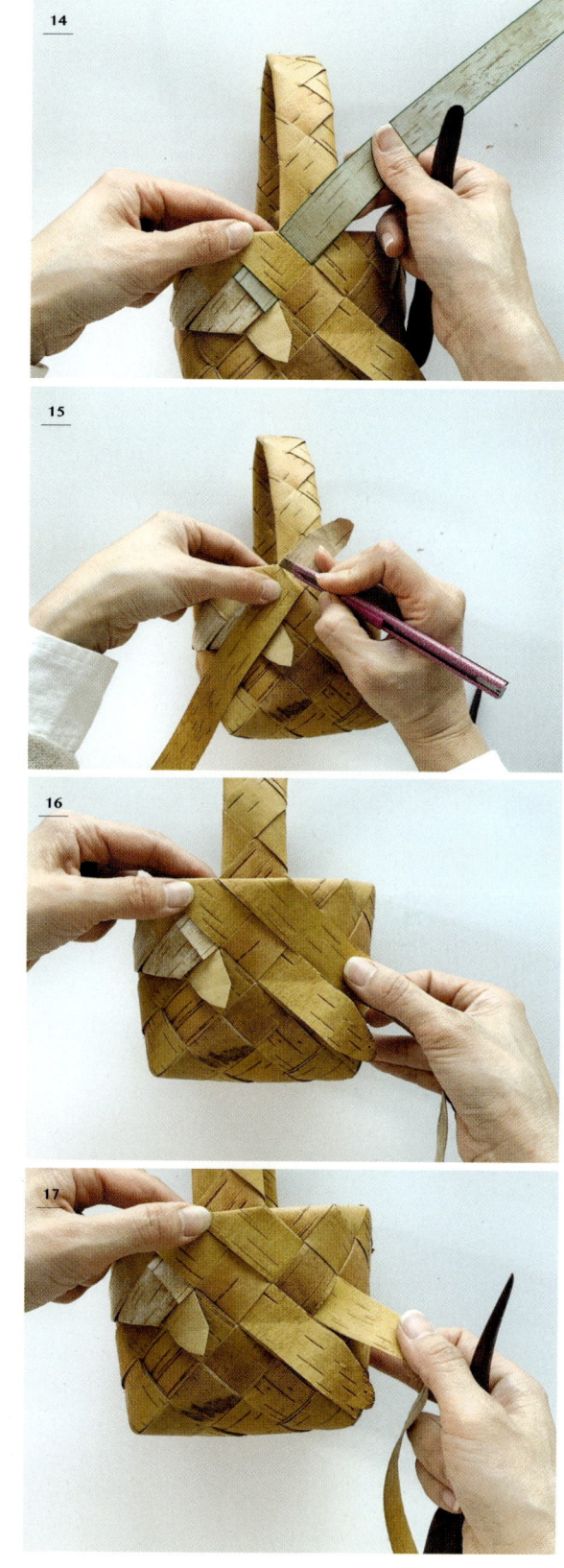

14~17 네베르 길이가 모자라면 이어주세요. 모자란 길이를 앞으로 덧대어 잇고, 뒷줄은 자른 후에 진행합니다.

18~19 한 바퀴를 돌아온 네베르는 A의 아래로 통과시킵니다.

20 세 줄이 모두 한 바퀴를 돌아온 모습입니다.

바구니 꾸미기 패턴②

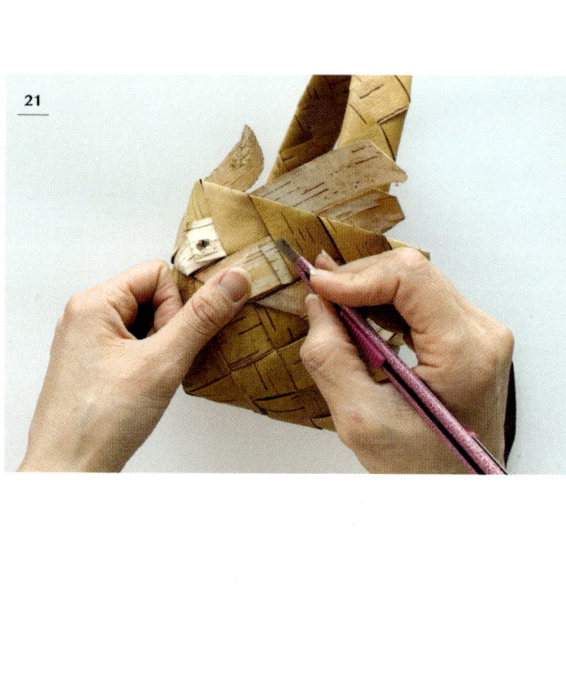

21~23 커터칼로 잘라 정돈합니다.
24~25 완성된 모습입니다.

바구니 꾸미기 패턴 ❸
Basket Deco Pattern ❸

네베르폭 : 바구니의 네베르 폭과 같게 사용

01 꾸미기할 바구니를 준비합니다. 표시한 부분에 패턴을 넣어줄 거예요.

02 네베르 1줄을 A에 통과시킵니다.

03~04 네베르를 사진과 같이 45도로 사각형의 바깥쪽으로 뻗도록 접습니다.

05~06 다시 B에 통과시킵니다.

바구니 꾸미기 패턴 ③

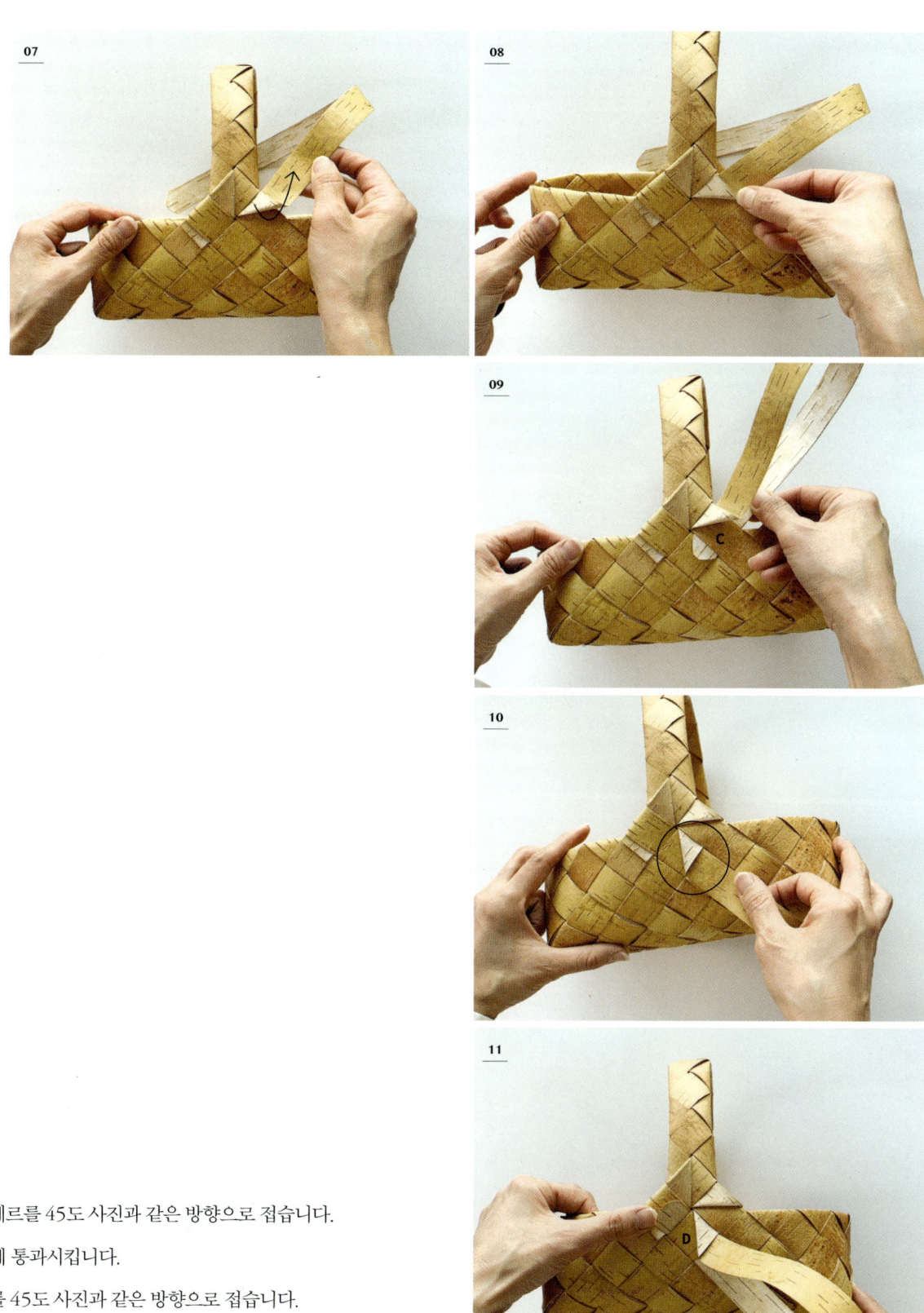

07~08 네베르를 45도 사진과 같은 방향으로 접습니다.

09 다시 C에 통과시킵니다.

10 네베르를 45도 사진과 같은 방향으로 접습니다.

11 다시 D에 통과시킵니다.

12~13 네베르를 45도 사진과 같은 방향으로 접습니다.

14~15 다시 A에 먼저 끼워진 테이프 위로 통과시킵니다.

16 커터칼로 잘라 정돈합니다.

17 완성된 모습입니다.

THANKS TO

이 책이 나오기까지 도움주신 분들께 진심으로 감사의 마음을 전합니다.

자작나무 껍질 공예를 배우고 한국에서 공방을 열 수 있도록 응원해주신
일본의 코우치야마 선생님과 스웨덴의 브로르 선생님,
첫 수업을 함께 했던 강봉수, 강현정, 김현정 님,
공방에서 만나고 함께 지내 온 모든 카나비 멤버들,
선뜻 사진작업에 응해주신 김진이 사진작가,
5월의 푸르고 따뜻했던 곳, 노산도방의 이혜진, 홍성일 작가,
생경한 이 공예에 관한 책을 만들게 해주신 청림출판사와 양춘미 팀장님.

그리고
나의 어머니,
인생의 단짝 남편.

마지막으로, 이 책으로 네베르스로이드를 사랑하게 되실
모든 분들께 미리 감사하다는 말씀 전합니다.

내 손으로 만드는 북유럽 생활소품,
자작나무 껍질 공예

네베르스로이드

1판 1쇄 인쇄 2019년 8월 8일
1판 1쇄 발행 2019년 8월 28일

지은이 오나영
펴낸이 고병욱

기획편집실장 김성수 **책임편집** 양춘미 **기획편집** 이새봄 김소정
마케팅 이일권 송만석 현나래 김재욱 김은지 이애주 오정민
디자인 공희 진미나 백은주 **외서기획** 이슬
제작 김기창 **관리** 주동은 조재언 **총무** 문준기 노재경 송민진

펴낸곳 청림출판㈜
등록 제1989-000026호

본사 06048 서울시 강남구 도산대로 38길 11 청림출판㈜ (논현동 63)
제2사옥 10881 경기도 파주시 회동길 173 청림아트스페이스 (문발동 518-6)
전화 02-546-4341 **팩스** 02-546-8053
홈페이지 www.chungrim.com **이메일** life@chungrim.com
블로그 blog.naver.com/chungrimlife **페이스북** www.facebook.com/chungrimlife

ⓒ 오나영, 2019

ISBN 979-11-88700-48-6 (13630)

※ 이 책은 저작권법에 따라 보호를 받는 저작물이므로 무단 전재와 무단 복제를 금합니다.
※ 책값은 뒤표지에 있습니다. 잘못된 책은 구입하신 서점에서 바꾸어 드립니다.
※ 청림Life는 청림출판㈜의 논픽션·실용도서 전문 브랜드입니다.
※ 이 도서의 국립중앙도서관 출판예정도서목록(CIP)은 서지정보유통지원시스템 홈페이지
   (http://seoji.nl.go.kr)와 국가자료종합목록시스템(http://www.nl.go.kr/kolisnet)에서
   이용하실 수 있습니다. (CIP제어번호 : CIP2019027631)